大展好書　好書大展
品嘗好書　冠群可期

大展好書　好書大展
品嘗好書　冠群可期

序言

請您到外頭去看看庭院裡的石頭吧！

請您仔細的、一點兒也不放過細節地看它。

您會發現，雨天時的石頭和晴天時的石頭，是完全不一樣的。不管什麼時候，石頭所展現出的風貌都和前一刻裡的樣子大不相同，它無時無刻不在改變著。

石頭以許多不同的角度出現，它本身就有著各種不同的角度，我們所看自以為是「逆」的，對它而言，說不定那才是「正」的呢！

在同一塊石頭上，集合了這許多不同的風貌，這也可以說是佛家語中的阿、吽了。

同樣的，人類也一樣有不同的面。在現實社會中，每個人都有他顯露在外的一面；而同樣的，也有隱藏起來不為人知的另一面。

有很多的人，就是因為他的整個人是如此的難以了解而變得魅力十足。換言之，「複雜」正是魅力的泉源。

所謂的「訣竅」也同樣有其兩面性。在訣竅之中，也常常會有一些誇張的表現，藉以表達出人類感情的複雜。

人類經常為一些使我們徘徊在死亡邊緣的疾病所苦，也常為負下的債所限。這時，如果能藉由他人的情緒、經驗來使自己得到解放，必然可以得到極大的幫助。

能夠讀通、領會訣竅的真義，這個人就可以獲得極通達自在的人生。自古流傳下來的一些交易訣竅，到現在仍然可以在我們的現實生活中得到印證。這不可思議的事，更讓我們感覺到發生的交易中之奇妙世界。

所謂的「交易之道」，如果現在再重現，應該是矮小的灌木叢。要在這密生著灌木叢的谷間行走，徹底的追究，以及適切的助言，都是必要的。

訣竅的魅力。就在於它切中要點，將隱含著的具實情況說了出來。我們可以在訣竅的世界中，明白的見到如「曾我蕭白」的畫風般，在放膽的奇想中，有其粗獷稠密的魅力。

「股市獲利訣竅」這本書所要瞄準的目標，就是在於交易中芸芸眾生的意志決定。要進行勇猛果敢的行動，就必須要有慎重的思維來輔助它。

要想有決斷力，就先要讓自己孤獨、翱翔在自己下過決定後，所造成各項結果中的心理準備。

「訣竅」，正是不加虛矯的表現出真實情況。也就是說，訣竅是在幫助您更清楚地抓住現實，這也正是它的魅力所在。

交易訣竅的魅力，在於它能給您更多的冷靜去看清情勢，決定應對之道。在股市交易中，事前防範未然的功夫也是必要的。交易訣竅的作用，也正是告訴您，如何才能面面俱到。

賢明睿智的投資家究竟該如何下判斷呢？

或許，請您先想想這道理吧——

「黯淡的會不會變成黃金？發亮的是不是瓦礫？」

目錄

第二章　掌握要點

第三章　對買賣別太貪心

第四章　順其自然

第五章　漲停三日跌百日

第六章　不要適得其反

第七章　等待回升反而不升

第八章　股市老手也有失手時

第九章　不可過份堅持己見

第十章　已然即未然、未然即已然

第一章

注意各種現象

掌握時機

當您正在費心選擇購買的對象時，請別忘了「選擇時機」也是一件相當重要的事情。這就好比俗諺中所說的：「只要抓住時機，老鼠也會搖身變成老虎。」

另外，在『列子・說符篇』裡，也有「得時者昌，失時者亡。」相類似的話。

生活在非洲大原野的黑人們，單單憑著吹掠過的風，就可以由其中得知動物存在的位置；經驗老到的漁夫們，對於海流的變化也是相當的敏感。而一個熟練的股票投資人，更是應該可以預測到什麼時候才是適當的時機。

這並不完全只是靠著直覺去下判斷，而是必須靠許多的資料，做適切的分析才能得到的結果。

即使是優良的股，一旦誤了買進時機，其獲利仍是有限。而盛行一時的股，則應該等它的盛行期過了，才開始做投資。就算您只是把這當做閑暇時的消遣，也請記得上述的原則。

若是有什麼突發事件，大體上，都該把股票抛售出去。

但是，如果這企業對其經營有著萬全準備時，多半其股價會再度攀升。所以，一個靈敏的活動家，就該要對這些情勢的波動十分敏感，經常抱持著能擊出漂亮一擊的信念。

在與這樣的人對話時，他們回答的速度多半相當迅速，而且速度驚人。大部份的證券投資家其說話技巧都很好，在回答的反應力上也是十分優秀的。但是，很可惜，在這些人之中。能夠稍稍停頓一下、做一下整理、仔細地思考過再回答的卻沒有幾人。

身為人類，即使得了時機，也不可能變成老虎，振威於野地。

要做個一流的打擊手，掌握住速度是成功之鑰。要買進股票是相當容易的一件事，但是，要「得時買進」則是至難之事。

機會向來只敲一次門，去了就不會再回頭。然而，即使機會真的來了，也有許多人因為粗心而失去了把握住的時機。

這正是所謂的「機會難得而易失」。

六朝時候，東晉那位賦「歸去來辭」的詩人陶淵明。在他的詩中詠道：

盛年不重來

一日難再晨
及時當勉勵
歲月不待人

股價的波動，並不像是文學般有其條理可循，它是完全不規則的。有可能在淺灘捕獲大魚，也有可能在大海中除了小魚外，一無所獲。這是誰也無法預知的。然而，慎選時機的人和忽略其重要的人，其獲利大概是相差甚巨！

謹慎判斷突然止跌回升的現象

在下跌中的股，突然間回升是件很詭異的事，買了這樣的股，後果就慘了。另外，在底價的激烈競爭中，連續上漲又突然下跌，如果這時才初次買進，也是會釀成悲劇的。做了這兩件事，其下場定然慘不忍睹。

這時，還是請不要再固執下去，趕緊停止下來才是正確的。如果這樣地拖延下去。那麼，一定很快就會回到起點。一切就都會停止再前進。

前述的股在它滑落到最低價時，有的不但不能守住，更糟的，只在那兒停留一下，又一路下挫。這樣的例子屢見不鮮。一旦踏上了這貶值之路，就會一路往前狂奔，如同火燒屁股一般。

換言之，在下挫之中，突然詭異的攀升起來，其實是非常少的。為什麼會這樣呢?有些很有眼光、很能判斷的人，也是會栽在這種股的手上。當它開始稍稍回升時，有些經歷不足、看得不夠多的營業經理等就會做出如下的評論：

「最低行情到此為止，再來它就會一路攀升了。」

您如果貿然買進，就知道其後果了。

其實，類似這樣的評論，我們一定會常常在同業界的刊物上看到，而且機率還真不小。但是，在交易場中，卻不是這麼容易就可以成功的。

有許多的機關投資家，就是儘在它稍稍揚升時，說出這樣的討好話。而真實的股市，卻不是如此的容易。

我想，這是可以理解的。他們為了不使商譽受損，也為了將來的行情著想，才會這樣子說吧。

營業部之所以會說出這樣吹捧奉承的話，是因為對同業界的刊物而言，證券公司仍是最重要的廣告客戶，也就是它最大的資助者，所以，才會屢見不鮮這樣的文字。

等到用盡了最後的力量來抵抗，仍然挽救不了，從而產生不少混亂、糾紛的現象，這就是股市。

股市交易的事，還是在其中解決才好。股市交易就好比是露天的自然食品，它對人為的東西會有排斥的反應。對這樣厲害的排斥要多加以深思。那些錯判斷了情勢，以同業刊物的記事為投資標的投資家們，就會嚐到十分悲慘的後果。

要判斷在下跌途中突然又攀升起來的股，是否已經是在跌到最谷底時才開始攀爬，其實，並不是那麼困難。

首先，請先注意看看它的信用交易餘額，是否是減少了相當的數量。

此外，最重要的是一般股在股市交易中，多半會三段式的下跌。由此，當可以看出它是真的止跌回升了，還是那只是一時的假象。

適當的休息是必要的

能夠一年到頭都在股市交易中買進賣出而樂此不疲的人，的確不乏其人。而這樣的人，卻從來沒聽說過哪一個是能夠獲利的。

所謂的「捨本逐末」、「因小失大」正可以用來說明那種拘泥於小利，而誤了大事的現象。我們知道：木棍一旦「叭」的一聲被點燃了之後，很快就會燒盡了。一般認為「股市交易不外乎買、賣」。其實是種錯誤的觀念。「休息」，在交易之中也是相當重要的一環。

人類的慾望是無窮無盡的，獲利時想著「再多！再多賺一點」；賠錢時一心認為「從下次中再把它賺回來」。這就像貪心不足的熊鷹，為了同時攫取向左右奔逃的二頭豬，竟而使自己的身軀硬生生的撕裂了。

傲慢、焦躁，是股市交易中最忌諱的事，驕則必躁。不管這一回的投資是否獲利，在下一波投入之前，先給自己一個觀察環境動向、眺望天下時勢的空間，是相當重要的。

「當欲望充滿著人時，其雙眼等於是盲的。」

洗淨雙眼中的迷霧，重新整理考量情勢，絕對有其必要。

在『宗久翁秘錄』之中，有這樣的一段記事：

「年中，若是商運很好，生意非常順利時。休息的時間就可以短一點；若是運氣不好，休息時間就只得稍微拉長。但是，無論如何地走運，若是忘了休息而不停止工作，根據我的心得，那到最後一定會導致損失。」

另外，在牛田慈雲齋的『三猿金泉秘錄』中，也有一段如下的記載：

「在買賣之中。不論是賺或賠，稍微停手是必要的。」

只看到眼前利益的人，也許可以成功地登上小丘，但卻絕無可能征服高山。為了貪圖眼前利益而施加手腕的人，也只是些器用貧乏的人，終不成大器。其原因就在於其過剩的投機心理。

股市交易困難之處，在於其買、賣的時機。而股市迷們，又多半是表現慾較強的人。但是，即使是最美的花。它卻也只能開上七日。

有這樣的一段話：

「櫻花在盛開七日之後必得萎謝，憐其殘花，向天照大神祈求，終能延長其至三七二十一日。」

然而真正的花，卻只是那樣靜靜地開落。

真正優秀的人，並不依賴自己顯示出來的魅力。不停地買賣是不行的。

九損一得

「在買進之前就已經知道會賠的股，為什麼還要買進呢？」話雖然是如此，但有時仍得買進。

這對個人投資家而言，簡直就是胡鬧，連想都不會去想它一下。但是，對證券公司而言，這是對事業公司所持的一種義理。

有時，即使機關投資家全部大量掛進大型股。股價卻反而滑落。

再怎麼樣，大證券傘下的集團證券之間，多少都會維持彼此之間親密而強烈的義理關係。譬如，當A公司持有本公司股份時，多半在自家公司裡也會持有幾萬、幾十萬股，甚至二倍於對方持有自家公司股票的A公司股。

即使明白了九損一得，這仍是相當痛苦的義理。

所謂的「九損一得」，就是在十次出擊中，有九次是損失的，幾乎沒有一次是獲益。它的語源，是來自於日本江戶時代，流行在富人商賈中，一種源於貴族的踢球遊戲「蹴鞠」。

在江戶市中，有許多餐廳就在室內設有「蹴鞠場」。有許多人玩這樣的遊戲，玩著玩著就玩進了花街柳巷。有商人之子，作了這樣一首拙劣的詠諧短詩：

好蹴球者十德損其九　九損之中仍不失一德
為好俅十德中有九損　所謂九損豈非仁之端

另外，在『是樂物語』——明曆年間出版的假名記述中，有如下的記事；「京城中有名曰山本友者，為夢中屢見美女而苦惱。臥病在床時，受召使是樂之勸而往有馬溫泉。

在回歸的途中，邂逅夢中美女。在是樂安排下，與之渡過歡樂無窮的日子。其妻因嫉妒，而與之爭執不休，美女從而投水自盡……。」

在那假名記事中，還說：「顯露出自己的裝束、露出傲慢神色的人，在人生的路途中，並不能夠事事如意。就像俗諺中所云，九損一德。然而以那俗諺而言，是樂曰『蹴一德之人，只損其九是相當優秀的。』」

這些話，現在歷歷在目。

同樣的道理，也可以應用在現在的高爾夫球族身上。

但是，對那些明明知道九成會賠，而仍然買進的人，本書的讀者特別要注意其用心。

欲速則不達

「欲速則不達，是我們在做任何事時都必須要考慮到的。看看宗長，即使武士駕舟如何迅速，仍在瀨多的長橋下盤桓不得去。」

這是摘自於『醒睡笑』中的一段話。

在股市人氣旺盛的時候，只要稍稍遲了一刻投入，就可能招致損失。所以，心裡就直想著，現在就得快點加入，不要讓機會白白流失。

真正的專家，是不會這樣冒進的。真正的專家，看多了起起落落的世界，是不會莽撞行事的。他們的決定不受其他人的影響，完全是靠自己的判斷，等充分的判斷之後，才開始行動。

「跑得快也容易跌倒」，實在是至理名言。

草草判定它是在高價，或是低價時，其結果卻往往是相反的。也就是說，投資家最頭號的敵人，就是在尚未弄清狀況之前，就急著想要獲利的心理。

對這種慌慌張張的草率心理，有以下的刻劃：

「為了生計而向別人借款，而又為了償還，必須在最後期限到來之前，存至足夠的金額。因而在預估料算時，只一廂情願的以為可行。然而商場多變化，常常都是事與願違。」

就像我們在煮東西時，即使是急著將它煮熟，也該離火遠一點。但人的心理卻不這麼明智，仍然會忍不住向火靠近。

看著周圍的人，手握勝券的樣子，自己就會跟著心動。逐漸的，一步、二步，向前踏出腳步。然而這時，卻也同時在向陷阱中踏進，其結果必是不堪設想。

當自己的投資沒有成功時，又會產生自棄的心理，於是由於被氣憤沖昏了頭，就做出失去理智的判斷。

正常情況下，對自己所掛進的股票，多半心中有個底，知道其可能的高價。而當它超出自己所預估的高價時，則視為難能可貴之事。

想要讓自己成為成功的投資人，先決條件就是不可以慌張、草率下決定。即使所持之股滑落，也要維持冷靜理智。

請記得「欲速則不達」，尤其是初入門者，獲利心千萬不要太重，否則是很危險的。在買入賣出的過程中，別忘了觀察情勢，再選擇有利的地位，才能一把抓住會一飛沖天的股。

掌握適當殺出的時機

「被套牢則失去魄力，為獲利則氣勢猛起。」

「進入了齒咬指甲、流汗、焦慮的困境之中。」

在自己喪失了自信心的情況下，對自己所持的股期望更大，希望它快快回升。但是，那股卻一直在下跌，自己也不敢在下跌中賣出，因此卻損失了更多更多。最重要的，還是在於賣出的時機如何。

另外。在低價賣出時所要考慮的另一個課題，則是該用什麼價錢出讓？寫太高賣不出去，太低則使損失倍增。

讓自己過熱的腦袋冷卻一下，以免自己誤了判斷的正確性。比這個更困難的，則在於判斷如何才會正確？即使我們努力使其正確，卻也不能保證股價是不是會再回升。

當我們無法確知它何時會再攀升時，在時機到來時就要勇敢地出清。在這個時候，將希望放在捲土重來上才是上策。這樣一來，在未來獲利的可能性就會大增。但是，這訣竅說歸說，真正施行起來仍是相當困難。

在任何道路上，掌握住其進退時機是很重要的。若是一廂情願的前進，其損失要大過於人所能想像的。該斷念而不斷念，其損失更是難以言喻。

股市交易之難．就在於不被自己的固執所蒙蔽。有許多人往往不能認清事實，以為自己是將腳踩出泥沼之外，其結果卻反而是將自己深陷其中，以致滅頂。這樣的例子屢見不鮮。

可見，有時壯士斷腕是很必要的，雖然它需要極大的勇氣。比起前進、後退所需的勇氣要來得大。

通常，人都會想，對自己所買的東西是再了解不過，對那東西也是十分珍視。而細密的研究、考察，對了解其體質也是必要的。然後對其強勢所在、弱點所在，才能更加透徹洞悉，才能在適當的時機賣出。

有時迂迴前進才是求勝之道。被稱為日本「劍聖」的宮本武藏，在他的劍士生涯中，一共勝了六十多回的比劍。至於他獲得勝利之外的比試，則一律避之。

注意影響股價的因素

請不要向自尊心很強的交易人看齊，對投資家而言，沒有什麼東西是絕對的。當有八成把握能獲利時，就要收斂起光芒。最重要的是，下判斷時要有器量。這也就是判斷力和決斷之間的差別所在。

有二種方式。

首先，希望您能以此為心得。譬如在現在，面臨著影響股價的強力因素，而這因素是以前就知道的。因而就請沈默的、靜靜地掛進吧！

股價也會上升到相當的地步，也就是所謂的正處在股市交易中三段上升的最後階段。

現在，股價正激烈地波動著，它上下的值差幅度變大，眼看著許多賣方的城池就要被攻陷了。現在想想買方，就像是在一人相撲般。

買方的主力，正虎視眈眈地觀察著，哪裡可有大量的股是有利可圖。當影響股價的因素表面化之後，投資家們強力的注入購買意願，而賣方至此也死心斷念，希望他再買進更多。

「好吧！全賣了吧！」

在這一念之間，戰場就轉到了股市價格是否可獲利上，作手則大手筆地投入其中。

在股市交易中，賣方便被殺到潰不成軍的地步。

而買方則撒手，退到觀眾席上袖手旁觀。

在這之前，聰明的人早已在作手賺飽了之前就撤退，這是上上之策。

現在，還有另外一種方式。

當行情升到最高點時，緊接而來的，就是行情的打壓、下跌。而最悲慘的是，這下跌的行情似乎是每下愈況，永遠沒有停止的一日。

這時，多半都是持觀望的態度。這樣悲觀的情勢，要一直維持到利多消息的出現為止。

這正是所謂的「天降甘霖」，真令人不禁要喜極而泣。但是，買方手上持股滿滿，已無餘力再掛進新股。

冷靜地思考之後，就會知道這時的回升，可能只是表象。「回升就賣」就沒有錯。等待利多的消息出現，倒也不失為好方法。

在行市一出現回升現象時，馬上就賣出。

等候三日觀其變

當股市行情一旦氣勢轉弱，冷靜地觀察上三天是個好的教訓。等待三日之後，就會得到自信。

若是聽到利於買進的消息時，要先考慮到這為什麼是好的消息，以及市場是否有變化。

這不是膽怯懦弱，而是合理的懷疑。那消息可能大家都有所耳聞，但若是盲目貿然地跟進，可能會迷失於其中。等待三日之後，必然能見到迴響的出現。這是縱橫股市的秘訣之一。要經常記得這一點。

自己強勢鼓勇時，別人也一樣勇氣十足。

自己膽怯時，別人應該也是一樣的怯懦。「先知三日為長者」，只要比別人早三日洞悉事理，這早三日的先見之明，就足以使人成為長者。

如何才能成為這樣的先知者，可以看看出自俳書的「毛吹草」。由「毛吹草」中所用的引例，是來自日本江戶時代的『關八州繫馬』一書。

「三日之風可將日本國充塞積滿」。

更重要的是，在這三日之內，一點一滴的時間所要告訴我們的事。

這本『關八州繫馬』，其實是義太夫節‧近松左衛門的絕筆。

享保九年春，在大阪竹本座初演時，平將門的遺兒，良門正心圖天下，以使賴光等四天王退治葛城山為目的。其間，有良門之妹小蝶化為惡靈的場面。

小蝶化為土蜘蛛之惡靈，三日間風吹動著，她成功的織成其網。

三天，實在是相當貴重的時間。

在「俳諧大花笠」中說；

「備齊物品，仍舊是行三日之禁令！」

這樣無視於制令的嘲弄，也正是一般人考量的尺度。

所以，請謹記「等待三日」這股市訣竅，千萬別違背了它。但是，所謂的「三日」，是一日加一日，再加上一日，也就是一日的三倍，這才叫做「三日」，歷經三日時間。二日也是違背了它，而四日也同樣是違背了。

做三日的和尚，及得三日的天下，在意義上是相當接近的。但是，就在這區區數日之間，勝負卻可能是完全顛倒。所以，為了求勝，請耐心地等待三日吧！

突然下跌就掛進

突然下跌的股，要趕緊地買進。

這是自古以來傳下的訣竅，而且是相當好的訣竅。

趁勢上揚的股市，不斷地上升著，一直到像天那麼高，似乎是理所當然。

但是，在這樣連續上漲之中，也會突然地下跌。在這個時候，不管消息是怎麼傳的，立即掛進就是了。

這個道理無他，這只是自古相傳的經驗法則，叫做「買進連續上升中卻突然下跌的股」。當然，在它下跌的情況之下，則是掌握住「一回升就賣出」的原則。

我們主要還是來談談上升的情況。

在前述的情況之下，絕對是要立刻的買進。另外，在長時間上揚之後，開始滑落的情況中，則是一等它回升就立刻賣出。

這訣竅並非只是說說而已，實際上一定可行。在我們買進連續上漲而突然下跌的股票時，這行市一定會慢慢逼近，一步一步下跌，可能到其原始出發點。

這樣一來，為什麼還要買進呢？

的確，買進這樣的股票，的確是如前所說，大概會上漲。但是，這股票的上漲並非僅是單純的行市，「消息面」仍占得一席重要之地。

這行市，就如同航行在大海中，不知是會碰上大的海流，或是小的漩渦。要想知道其立證，就只能再探究下去。但是，交易將來所可能出現的行情，可以用鮫魚來做個比喻。

鮫魚的腹部有二個洞，一般人相信，這兩個洞中貯有水份，小鮫魚每天早上從母親的口中游出，到了黃昏正好游回到腹中。

其上升有其上升的理由，別忘記或忽略了這「有連續上漲的股，突然下跌則立刻買進」的鐵則。

縱使您可能並不同意，但這絕對是一條鐵則。這樣的股，在證券交易市場中有其威勢存在，它再上升的威力十足，擋也擋不住的。

在不能停止的上漲中，那些在一下跌就買進的人，就成了最大的贏家。

依賴別人會成輸家

這世上有許許多多各式各樣的人。
有些人從外表上看來，是個意志十分堅定、不輕易接受他人建議、意見的人。但是，出人意料的，他其實卻是個懦弱膽怯的人。這樣的人在我們周遭並不少見。
有許多的人並不會，也不敢說「不」。這難道是天性如此嗎？這實在是一件不可思議的事，怯懦的性格竟會是來自天性。這我們就不再談下去了。
那些冥頑不靈、死頑固的、剛愎自用的人們，一見到這些怯懦的人，就會瞠目結舌，覺得這個世界真是有趣。
以人類而言，人類腦細胞的成長，是你越去使用它，它就更加發達。因此，那些神經疲勞患者，就是多半由於其腦神經過於纖細之故。
不過，這也和現代人的生活方式有些關係。現代人的生活真的是過於繁複了。
人們越來越注意別人的臉色，用心思索該說些什麼樣的話才好。人們也更加地在意自己的行動，在別人眼中所象徵的意義，更加小心自己的行止。

這樣一來，人們拒絕了不論從何而來的業務員，只為了維護自己的身份地位。於是，這個社會上就有越來越多不知如何下判斷的紳士。

這結果是什麼呢？其結果就是喪失了自體性。大家都不再知道什麼才是自己的思惟，也不知道該如何去判斷、怎樣去行動才好。

於是，所有的人都只是順應周遭的情勢，看別人怎麼動自己也怎麼動，即使那是個極大的錯誤，仍然是要順應所謂的潮流。

跟著流行走的人，在流行喝威士忌時，他也跟著喝威士忌；等到流行金門高粱時，他也是除了金門高粱外，一概不沾口。這樣的人已經完全失去了自己的味覺，即使是喜歡喝酒，卻也喝不出個所以然來。

像這種人，是不適合做投資股票的。但是，偏偏股市又是現在正流行的生財之道，大家都往證券公司擠。在時機來臨時，當機立斷是相當重要的。不管是在什麼情況下，即使只是玩票性質，也不可忽略當機立斷的重要性。

買進、賣出，不論哪一樣，應該都是出自於自覺才是。當然，可以找可信賴的證券族談一下、交換一下心得，那是無可厚非之事。

但是，那些人都只能是您的顧問，真正的買進賣出，還是要靠自己的決斷。

第二章

掌握要點

在喘息中學習

有一遊僧到某寺裡掛單。由於天氣寒冷，那僧人便燃燒木彫的佛像以取暖。寺裡的住持見這景象，就對那遊僧說：「你為什麼要燒我們寺裡的佛像呢？」

遊僧抬頭對住持說道：「燃燒它，是為了取舍利子啊！」所謂的舍利子，就是將佛火葬之後，所遺留下來的靈骨遺骸。

住持說：「在木佛身上怎麼會有舍利子呢？」

「如果這木佛之中沒有舍利子，那又為什麼不能夠燒它呢？」

這遊僧的話的確有一點難懂。而那住持，也因為不得不向那遊僧問罪，而罰他將他的眉毛拔除。

我們不妨這樣來看：

就如同盜賊是絕不會進入貧困之家一般，真空無相的遊僧也不會受到佛祖的懲罰。

遊僧究竟是為了什麼要燒木佛呢？

寒冷的天氣裡，若是能圍在火爐旁取暖，是件多麼愜意的事啊！又或是在炎熱的天氣裡，到竹林、溪邊小坐，更是十分的愜意。

憤怒的拳頭，面對著笑臉是再怎麼也打不下去的。禪者認為，在他們之上，其實並不存在有任何的權威。所謂的「佛」，只不過是尊雕像，對修道者而言，那僅是微末的小節。

「無我之境界，其實即是全我。」

在燃燒佛像之時，和燃燒自己並沒有什麼兩樣。而投資家，則必須具有能洞悉一切迷思，將自己抽離出來，以及堅持寺院所必須有的規範的住持般的器量。

我們可以將投資家分做二型。

一種是眼中只有股票，一味的莽撞蠻幹的人。

另一種，則是將手頭的現金盡數投入，努力地向一或八的勝算挑戰的人。

我們的確相當容易就可以從各個投資人的身上，及其交易中分出這二種人。

前者，就如同是那為了取暖，而取木彫佛像焚燒取暖的遊僧一般，對事情欠缺通盤的考量。另一種，則有如住持的那一型，只能一步、二步的緩緩前行，缺乏飛躍晉昇的可能性。

我們並不需要要求自己有極大的轉變，只稍從生活中的小事便可學習。股市再如何熱絡，別忘了隨時都要喘息一下。在這喘息之中，有時要學學遊僧的方式，卻也別忘了住持那一方面的考量。

和自己投緣的股

「這個股和我十分相投。」我們有時會聽見人們如此說。

「無論如何，只要我跟著這股，那就一定不會有所損失，它和我十分投緣。」

為什麼會有像這樣的說法出現呢？

即使是個中老手，有時也會將這樣的話掛在嘴上，像背台詞一般。在不知不覺中，有關這家股票的知識。就會逐漸地變成是自己生活中的一部份。

究竟在怎樣的時機中買進才好？這樣的心情，必然在心中反反覆覆出現翻騰，生怕錯下了判斷。而一旦做出判斷，必定是在長時期的觀察之後所產生的心得。

先岔開一下話題，當我們在評斷美女時，往往是根據個人的喜好不同，而由其風情加以評定。而其中八面玲瓏、具調和性的，又要來得受歡迎。

在一片看似平坦的大地，到了第二天早上，卻發現地上冒出了許多新筍，如同在宣告著「我們在這兒呢？」表現出十分勇健的生命力。

而海帶，也在嚴酷的海流沖刷中，仍然保持著自己柔細的身軀。將這兩種東西放在一起，可以煮出味道濃厚，令食用者無法細分其味的湯來。

我們在看股票時，也不難發現：這湯之妙味，如同我們所謂投緣的股，其妙只有投資人自己才明白。

仔細地觀察那股，留心關於它的一切資料，它的漲跌動向全在自己的腦中，自然其意象就會十分的鮮明。於是，究竟在什麼樣的股價時買進，又在何種股價中賣出，自然在心中就會有個大約的底。

所謂投緣，是當對方在一動念時，不必經由詢問，就可以明白對方的動向。甚至可以說：「也不必等她的表情有什麼改變，就可以知道她是這樣想的。」

能夠下這樣的斷語，表示雙方的關係異常的親密。這是一種不可思議的調和、和諧，也是一種相互牽引的互動關係。

這樣說來倒也不壞。

二者能合而為一，比各自分開要更好一點。

所謂「山珍海味」，將山之珍、海之味取而相合，就如同今天投資者與和他投緣的股票之間的關係。

如此說來，說不定美食家才是最好的投資家呢？

股價的回巢

股價是一定會在某個時刻，跌回原來的價格左右的。

不管它現在是位居什麼樣的高價位，它也不會永遠都停留在那個價位上。經過了精彩的上漲之後，它一開始往下跌時，必定會一直地跌到原來的位置左右的。這樣的現象，在證券市場裡經常可見。

見多了高價位股價的人，在他們的觀念中，像這樣上漲的股票，其下跌至原價的可能性應該是不大。然而，這卻只是一種多數派的愚見罷了。

在現實世界中，它還是會下跌的。

這實在是有一點不可思議，是一件十分奇妙的事。股票，原來也像鳥兒們要回到自己的巢穴中一般，會再回到原價。

就像是自南國歸來的燕子，它一樣會回到去年所築的巢中一樣的道理。

俗語說：「山越高則谷深不可見。」股價如果向上拉得過高，它的下跌就成了必然之事。

在交易所中，我們不但會看到向上漲得過頭的現象，也不難見到跌得有些過份的時候。和前面所提的道理相同，下跌得過份的股價，也一樣會再度回到它原來的價位上。

當股價跌至谷底時，必須用心地注意，才能將情況化險為夷。

而最終的目的，應該放在征服最高峰上。所以，想縱橫在股市中，一點冒險患難的精神以及一些野心，實在是必要的。

自己歷經了一些回合的廝殺之後，真正的考驗就會在此時出現。如果自己的歷練還不夠，就可能會因此而前功盡棄。

其實，股市交易正可看出一個人品性德行的地方。

真正一流的人才，他是穩若泰山的。不管眼前的股價是一漲再漲、一路攀升；還是暴然下滑，無力回升，他都不會將自己的情緒形諸於色。

即使是在爬山時，山上的氣候也是常變幻無窮的。

爬山的路上一直都是晴空萬里，正在想著「會不會變天？」的一剎那，一抹黑雲的影子就已經出現在晴朗的天空中了。

頃刻間，豆大的豪雨傾洩而下，足下一不小心打滑，就可能使自己跌到谷底。

投資股票，就要像爬山一般的小心謹慎，千萬要弄清楚自己的實力如何，以及各種應變之道。千萬別為了貪圖危險的刺激而冒險。

了解到股價最終都會回到原來的位置之後，自然您在心中就會有個腹案。

抓住要點

股市的交易是十分嚴酷的。

在這裡，並不像一般的修行。即使是曾在市場中修行數載，累積數年的經驗，一旦沒注意到訣竅，忽略了一些重要的要點，就一敗不起。

股市，可以讓您一夕之間成巨富，卻也可能讓您一文不名。一旦忽略了這些要點，想要進步、更上一層就難了。

我們知道，的確有些名人，他們的天分是與生俱來的，是十分幸運的。但是，更多的人是在他們努力不懈之後，才有了今天的成就。

在這之間，財富的交換是常有的事，人類及這世界的悲喜，就在這之中不斷產生。即便是名人，一旦遇上了挫折，仍然得去了解自己受挫的原因何在。因為損失它是會一塊錢、一塊錢地往上累積的。

藝術家的成就，往往是要等他在修行一生之後，才在最後蓋棺論定。股市交易中的成就也和這個十分類似。

投資人除了把握大勢、對股市中各種情勢瞭若指掌之外，也該在自己的精神面上，尋求股市之外的修養。

這修養，並不一定要像苦行僧一般嚴苛，最重要的，還是在於如何才能有克己之心。

所謂股市交易，就是以創造由無至有為目的，絕對不在於由有再到無。

兵法的創造，是由過去失敗的經驗中而來。

而所謂「要點」，最早是源自於針灸的穴道而來。

在主要場所中，將「要點」悉數掌握是最好的。

所要的學習，可以從證券新聞、台灣證券交易所之中，以及和股票族的交往中獲得。另外，到股票背後所代表的公司、工廠去參觀一下，更有助於對這企業未來性的判斷。

這樣一來，對於其現在的股價究竟是太高，或者是過低了些，才能夠有一明確的看法。得到結論之後，才能做出更正確的判斷。

這樣的學習，可以從與經理等的詢問及回答中得到。

要注意的是，一個有眼光的人在完成這些學習、掌握住要點之後，他會獨自默默進行，而不與其他人共享。

不要太過謹慎小心

不但只是用心，而且還要更加的謹慎小心。

有句格言「如臨深淵，如履薄冰」，這句話十分貼切。就像從前的人，他們在渡橋之前，一定會先向石橋叩拜一下以示慎重一樣，這份用心相當深。

但是，這世上仍然有些人即使向石橋叩拜之後，卻仍然沒有渡河成功。

在股市中，先叩石橋再出發，十分謹慎小心的人，比起那些優柔寡斷的人，要更加的佔優勢。

嘟嘟嚷嚷的，事實上只會延遲對事物的決斷力，對事物的反應就會十分遲鈍。一旦變得拖泥帶水、無力決斷時，那無疑會造成一種「傷害」。

像這麼簡單的道理，其實並不難了解。像我們平常在煮東西時，也是相同的道理。但是，當我們認真追索為何會這樣的原因時，卻往往是啞口無言，答不出任何話來。

舉一個例子來看：在一家常去的餐館中，老闆在煮東西時往往是渾然忘我，十分投入而忘卻他周遭的人。但他在面臨財務危機時，卻十分的猶豫不決，徘徊不定。他完全無法下任何決定。

再看看某大企業的負責人，他不但嚴以律己，對別人的要求也一樣的嚴苛。嚴格的父親，到了八十五歲才亡故。而現在，他對女兒所嫁的夫婿也一樣的嚴格，那就有些令人吃驚了。

為了代替死去的先生，母親也變得一樣的嚴苛，對他所施加的壓力更大。

由於這樣的生活實在太無趣了，於是他開始迷上飲酒。隨時隨地他都喜歡喝上一杯，就連在沐浴時，也要一邊洗、一邊喝。這樣一來，身體就給弄壞了，先是胃病，後來變成胃潰瘍，十分的衰弱。
但是，因為他是由金融界出身的，對股票市場一直不能忘情。
然而，他還是因為缺乏決斷力，而無能為力。
對於那些非得先要拜拜石橋，否則絕對不過橋的人，以及那些太過優柔寡斷的人，我的忠告只有一句話，那就是：你們實在是不適合做股票投資。

適度即是最高

有五個年輕人聚在一起。
他們盡情地享受美食、口中飲著美酒、眼看著美女們服侍他們，心中的歡樂無限。這時，不知由誰先提起的，他們開始聊起這樣的話題：
「這個世界上，最快樂的事是什麼呢？」
高高的那年輕人說：「色，是最令人快樂的事。」這裡的「色」，指的是看盡美的事物。他認為這最令人感到快樂。
圓臉的年輕人則強調：「聲，應該擺在第一位。」也就是說，他主張人能聽見美妙的音樂聲，那才是至高喜樂的表現。

身體強健的運動家說：「香才是第一。」

皮膚白皙的年輕人則強調「味覺是首要」；最後長髮的年輕人則強烈的主張「觸覺在第一位」。結論出來了。

皮膚白皙的年輕人喜歡美味的食物；而長髮的年輕人，則是以美女為最令人快樂之事。

人的喜好，十個人有十種不同，這裡有五個人完全不同，不管經過多少時間，是不可能做到完全一致的地步。

在他們爭鬧不休時，他們決定要請前輩來裁決。

前輩對他們苦笑著，然後聽聽看每個人不同的主張再行裁決。

這時候，他們又為了證明自己的想法是最正確，又再度起了口角。這時，前輩表示，所有人的意見他都贊成、同意。

他端起桌上的啤酒，將它飲盡之後，說了以下的一段話。

「再怎麼美味的菜餚，也都有讓大家討厭的時候。所以，只要大家不要吃得太飽，就不會有這種事產生。」

這時，高個兒的年輕人小聲的說：「即使是世界第一的美女，也會有要打呵欠或打噴嚏的時候。而美與不美，端看其人魅力。但是，我們要有『適度』的心。適度的音樂、適度的香氣、適度的色彩……等。像這樣，才是真正的最好吧！」

這些年輕人們紛紛頷首以示同意。

股票投資的第一件，就是要「適度」。絕對不去想自己所負擔不起的投資。話雖如此，仍然有些人在心動、自以為十分有把握的情況下，勉強投資超出能力之外的股。於是，有許多人最後都只能長長地嘆息。

請記住：「適度即是最高。」

專業已不再重要

股市主流是大證券的證券人，也是無大資本的散戶們。專業的投資人，則將會在逆水中行舟。

當股價逐漸上升，逐漸以飛鳥之勢展現出來時，股市也就跟著熱絡起來。

這時，無論是證券公司、證券人、或是投資人，都不可忽視這市場。

在任何的工作崗位上，都有一些工作十年以上的老手。不管是賣料理的廚師、賣速食的職工、或是修理車子的技工、寺廟的和尚等，在連續工作十年之後，恁誰都會承認他們是老資格的人。

但是，即便在股票市場混跡六年，仍然有在第七年裡暴落的可能。交易所其實是個異常的、奇形的地方，在其中存在著不可預料的大起大落。

但是，短期內要股價上下波動十分厲害，仍然需要十分厲害的手腕。

一般而言，股市大約都維持在一年上、一年下的局面。但是，在長期的走高現象，公司方面對處理高價股的苦處，是證券投資人無法理解的。而這種狀況也造就出一些徒具「老資格」之名的證券投資人。

像這樣的人，真是讓投資家為之氣結。

這個世界，已經走向業餘愛好者的世界了。

我們逐漸地看到不會使用刨子的工人，也看到一些電氣行的人沒有能力換保險絲。除此之外，更多的母親用紙尿布代替尿布，因為它方便。這是個業餘的時代，專業已成昨日黃花。

於是，有許多不知從何而來，以「股市評論家」自居的人紛紛出現，其中胡言亂語、不知所云的，大有人在。這些人就和那些徒具虛名的「老投資人」一起出現在股市之中。

這樣的人在人前炫耀其知識，對股市各種現象胡亂批評。這些曲學阿世的人，卻跋扈於世上。

這已經是一個任邪惡的知識、媚世阿俗的人橫行霸道的世界了。

這些一點也不敦厚的人們，只會順著別人的話說。他們只在股價上升時買進，一旦買進，則期望它完全不滑落，不會做任何分析，也不知什麼時候該停手。

而知道厲害的專業人，即便是在下跌中也知所進退。該如何去取決這二種，但看投資人自己了。

買、賣及休息缺一不可

有些人是從年頭到年尾，一年到頭都在買賣中渡日。像這樣的人是不行的，一定會導致對自己的傷害。

這樣的人，他一向覺得買賣是種樂趣，不要別人來多管閒事。但如此一來，他就不太可能獲利。

「休息」在股市交易中，也有其妙用。

我們可以將完全離不開電視的人，視為一種病態。

還記得那三隻「非禮勿視、非禮勿聽、非禮勿言」的小猴子嗎？三隻猴子，各自擺著不同的姿勢。一隻遮住自己的雙眼，一隻遮住雙耳，另一隻摀住自己的口。各自代表了不同的意義。

日本寶歷四年，米交易師的牛田權三郎寫了一本對股市交易十分有用的『三猿金泉錄』。他這麼寫著：

「眼中目睹強勢的變化，在心中要先沈澱過濾一下。不過，心中要開始盤算賣出。耳朵裡聽到弱勢的變化，也要在心中沈澱過濾一下。但在心中存買進的打算。耳聞強勢變化之產生。人心易為所惑，這就是三猿的秘密。」

這實在不是一件容易解釋的事，但我還是盡力試著把它再解釋一遍。

當股市出現買氣旺盛，股價一路飆漲時，這時在心中要考量的，是它究竟為什麼會如此？當然，在這樣強勁的上升氣氛中，要從另一方面想，然後出清手上的持股。

這就是不要為表象所蒙蔽。

相反的，在一片下挫聲中，買氣非常弱的情況下，則應該開始考慮買進。和市場的動向相反，是來自於遮住耳朵那有關猿猴的教訓。

另外，在觀察市場變化、有什麼反對意見提出來時，人心易於迷惑。這也是來自於「勿言」的猿猴的賢明教訓。

賣之道、買之道，乃至於休息之道缺一不可。在這之中所呈現出來的，就是一個投資者其主體性如何的問題。

唐朝詩人白居易對自己作品的態度是，每篇文章遍讀三次，每句吟上十回。一字一句、再三沈吟。

像這樣吟十回、讀三遍、沈吟再三的精神，配合上買、賣、休息三個精神，您就會成功。

內心戲不通用

這標題是一句不容易明白的話，是吧。現在再清楚地說明一下。

我們可以說它是「自己跟自己交談」、「只有自己明白」，它和正在冷靜思考是沒有辦法清楚區分出來的。

這是無視於形式、理論，只在自己的內心中對所體驗之事加以處理。但它是不清楚地表露在外的，它是極為模糊曖昧地表現。

換個方式想想，這所謂的「內心戲」，既然是不以言語表露出來，也就是無法說明。換句話說，它是無法有所溝通。

我們很可能會將它和自己在思考的過程中相互混淆，因為它們的確蠻類似。這實在找不出其他文字來形容。

但是，像這種「內心戲」，在股市中是絕對不通用。因為在交易的過程中，商販與客人之間，是必須清楚的、有所溝通的。

所以，下回請不要再用像「這事就麻煩您多費心了。」這樣曖昧的話。這是絕對不可以的。

要知道，這不是政治家們抽象的世界，而是一個數字、一個數字十分清楚的股票市場。

當人們無法接收到明確的訊息時，對事情的處理，就可能會馬馬虎虎，隨便就好。

做生意不能光靠運氣。像這種由於溝通不良，使得場面顯得十分混亂時，在那之前所萌生的一點兒芽，可能就此被扼殺了繼續發展的機會。

價格，心目中的價格應該要明確地傳達出去，才不會一團混亂。不管怎麼樣，那種只在內心中掙扎而不明說的方式，再怎麼也行不通。

尤其在股市中，對對方的要求之明確度、正確度，應在一般商販的二倍、甚至三倍以上。所以，更不可以掉以輕心。

本來想賣，一看價格開始揚升，又後悔打算取消交易，是不可以的。本來想買，一看價格猛跌，所以又打算取消交易，也是不可以的。

其實，股價的揚升與否，完全是未知數，誰也無法保證手中持股將來一定如何如何。

「日月之光無法照到曲折的洞穴中。」太陽，或是月亮的光芒，是無法照到曲曲折折的洞穴中的。

對於自己的要求，若只在內心中運作而不明確表達出來，是投資者的大忌。

交易所是魔物

在『淮南子』一書中，對「盲」這個字有此一說；

「盲是眼睛的形體依舊存在，卻無能見物。」

在古代，史官被稱為「瞽史」，史官是古代中國擔任文書記錄的人們。

而「瞽史」，是來自於周代二官之名。「瞽」是擔當大師、樂，在主君之側為他吟誦詩歌、諷諫君主。「史」，是太史，書寫陰陽天時禮法之書，工作是教誨君主。

不仿樂官，在巫祝的眼中不自由的人相當的多，所以，這樣的人也稱之為「瞽史」。

在著作的過程中，盲目的表現，在於其人之心的自由與否。

這樣的比喻，也可以用在那些新人類身上。所謂的「新人類交易」，他們只知其刺激好玩，卻不知對交易所存有戒慎恐懼之心。

這些新人類們，缺乏與他們有相關性之人的幫助，只靠單打獨鬥。他們以為證券市場原本就該如此欣欣向榮，根本不知何謂枯萎。

於是，他們絲毫無戒慎恐懼之心。

「檢校」在天明年間，是瞎眼的人所能得到的最高級官位。當然，天明三年的「川柳句集」中，有一位詩人就是目盲的檢校。

這位檢校在作品中說：「此後，區區當更不為此身所憂。」流露著一種滿足的口氣。

但是，另外的「柳樽」卻和他完全不一樣。「檢校只是更上一層之踏板」。

在股市中，滿足與不滿足的人都有。但大多數的人，他們的心都是不自由的。漫漫長夜，有人的心中只是來回盤算著：「這價錢……該買嗎？但是，花如此高價買下它，值得嗎？……」

股市是極富魔力的地方，股價上揚，人們也跟著趾高氣昂起來。新人類交易有其好處，卻也不乏缺點。

最重要的，還是不要勉強自己去承受自己所不明白的一些壓力，否則，是很容易崩潰的。

第三章

對買賣別太貪心

買賣別太貪心

「人都是希望在最高點上賣出，在最低點買進。當伸出去的手失敗之後，不貪心是最賢明的教訓。不貪求並不可恥，吃到八分飽可防止生病。

實際上，當天上與地底之分際如此難分時，怎樣才叫八分飽又是十分難以確認的。但是，至少我們可以由現實中找出買、賣之間的結論何在。

吸吮著骨頭不但愚蠢，而且卑下。

有利可圖的股，恁誰都想買。這時搶購到的，只是別人吃剩的部份。我們可以理解不在天價時賣出，也無法在底價時買進的表現。在天價賣出、底價補進是不可思議的好。

所以，何妨退一步想，先在天價的附近賣出即可。

人的感覺在真正的天地之前，並不像自己想像中的敏銳。人類所能做的，是盡量求得預估預求利益之七八分，就足夠了。」

（摘自　太玄子著『商家秘錄』）

「在天價時不要買進，在底價時不要賣出，是最要注意的。不管在它上升或下跌的時候，必須先得知其可能的底限何在。如此一來，不管它再如何的上下，就可以掌握住該買賣的時機，可以避免損失。要能掌握住上漲過後，它一定會下跌；滑落之後，也一定會再度上漲的原則。這樣一來。離成功就不遠了。」

（摘自　本田宗久著『宗久翁秘錄』）

以金錢為主要追逐目的的證券公司，被某些人稱為是邪惡之地。然而，其實證券公司也正是考驗頭腦反應程度好壞的最佳場所。

若是注意到其老化現象，就會發現程度上的差別。明日的股市，若只是用做為遊樂之用，很快就會崩潰。所以，我們應該做的是仔細去研究它，不要讓它畸形發展，而該盡量往正常發展。

如前面所述，要留一些餘裕，不要太貪心。才會有所轉圜。不要只是在夢中想像著獲利之樂，在現實中，證券公司正是最冷酷殘忍的地方。

夢中簡單的遊戲規則，到了現實之中，就一點也不管用。但是，如何才能分辨何者是一路邁進的夢想，又在什麼時候該退守陣線，才是最困難的部份。

手風正順時

俗話中有所謂的「手風很順」，以及「不順」的話。人生在世，在與人相處時，必須抓住別人所說的話、態度，以及這個人物的性格，由這些交錯的事實，才能夠判斷。在股市交易中，除了要知己，知己的同伴之外，更要能夠知敵之動靜。

在證券公司中買、賣的人不知幾千幾萬，目標應該放在操盤手的身上才是。而「伙伴」，應該就是指和自己同樣選擇的人。要將硬體主力的運勢、作戰的戰略調查得一清二楚。另外，當己方主力運勢正強時，很可能在自己的估算行情中獲得成功。但相反的情形，當運勢轉弱時，也可能因不安的情緒而招致失敗。

在手風正順時。別忘了要先為將來的、可能的衰退先做一下準備。我們常可以看一些人連戰連勝，好不風光。這些人正是因為其買賣的週期，正巧合乎了股市交易的循環，所以才能所戰皆捷。

平時不出動，一旦出動，則必定可以掌握住利益的人，就是手風相當順的人。有許多手風相當順的人，他們在生活上的各項問題的處理上，也是十分的明智、順利。而這就是股市所帶來的結果。比起其他各種的迷戀，這算是比較好的一種。

而這順利的手風，到底能維持到什麼時候，我想，也只有他們自己比較清楚。如果是為了要常保其優勢，而不斷地付出一些評論，那這交易就失去了樂趣。這樣的股市，也失去了其單純與樂趣。

所以，這些人必須想辦法，由另一相反的方面來維持現狀。從『史記・陸賈傳』中，有所謂「逆取順守」的教訓。

不順遂的時期並不會維持長久。

努力，以及成功並不會太遙遠。

但是，失敗者的弱點在於頑固。許多人的失敗大多源自於太剛愎自用、頑固。有些缺德的人則說：「當那些失敗者買進時則賣出，當失敗者賣出時則買進。這樣就可以獲利。」

實戰派們，如果要保持自己的優勢，倒是不妨採取這樣的方式，則成功的可能性會大大的提高。真正強的東西，是看不出「力」來的。就像在「鬥雞」比賽中，強硬常勝的雞，看起來是絲毫無力的。

牠們只是靜靜地站在那邊，像個木雕般，靜靜地充實著自己的力量。

股市中的靈巧

在我們身邊，有不少「不需要任何暗示、幫助，就可以把事情做得很好」的人。從零零碎碎的各種事中，我們可以看出一個人是否是真正靈巧的人。

有時候，在連續十五勝之後，或是連續二十勝之後，周圍的人開始說他是「這個幸運的人！」而他自己也開始這麼地認為。

這人在股市中縱橫無阻，只要稍稍一動，就可以獲得高利。

這個人在一路順利的情況下，福德圓滿，然後變成一個安樂商販。而其他的商販，對他的感想卻是：「這不是一個好的商人。」這樣輕視他。

如此一來，這個人就不會成大事業。

所謂「聰明反被聰明誤」，從許多聰明人都是懶惰人中可以知道。

自古以來，我們就一直有那種「聰明人必定是貪玩的人」的觀念。

非常出名、無人能出其右的某雕刻大師，他往往不受制於情緒的波動而常常喝酒。一旦興起，即使在夜裡也不睡地揮舞著雕刻刀，常常一邊飲酒，手舞足蹈著，然後才入眠。這樣的人其實相當多，這並不是意味著他們是天生的怠惰者，只是表示他為了完成這構想而嚐試著。

究竟以飲酒為樂、手舞足蹈，能不能夠真的就完成構想，還很難以確定。股市中的靈活人物，也是在想一想之後才決定下單子。

靈活的人，往往能在其中獲利。

與雕刻大師不同的是，在股市中，靈活的人能很迅速地結算清楚。

這自是當然之事。因為對這些人而言，他們所追求的並不是股值的差額所代表的利潤，而是一種連勝的紀錄。

有許多人，努力的使自己的人生如自己的意，愜意的過下去。在人生存的大道中，自己的希望、意志存在著相當不可思議的力量，而相反的力量，卻也是相當的有作用力。

這一些，大部分我們稱它做「運」。

靈活的人們，對自己與運之間的關係，看得比別人要來得透徹。

因為「運」，是自己創造而來的。

若是只圖小利，就無法再獲得大利潤。

閒散的賣出

有些時候是處在無風狀態下。最初時，多少因為之前的能源還殘存著一部份而運行。之後，等失去了推逼的力量後，運動就會停止。

在一片閑古鳥的鳴聲寂靜中到訪。將手中的持股出清，卻發現氣勢十分弱，這時，新的賣方登場。但是，人為的介入結果，是在一巡過後，往往會導致相反的結果。所以，投資家們又成了買方。

當所有賣方都投入買方一邊時，可以預見股市自當是一片上升之聲。

「閒散的賣出」，實在是錯誤而愚蠢的說法。

在已達飽和的狀況中，只會下滑。

到底是在上漲後的飽和，還是在下跌後的飽和，非常值得判斷。

在市場平穩的時候，會有一不留神，出售手中持股的現象，這非常不好。要謹慎小心一點。讓自己那種較強的交易信念稍離。否則，即使是相當的行家，也會有失足的時候。

譬如說，在比買進價位稍微上漲時，人們就容易忘了當初所要求的，僅是在進價左右賣出。期望著它能再攀再升，一直到它上漲再上漲，才決定賣出。自然，得到的金錢就多，但再回到自由就變得困難。

閑古鳥，其實是郭公鳥之誤。詩人芭蕉有詩云：

「極其憂慼之閑古鳥。」

郭公鳥在夏朝時，東渡日本。伯勞，則是霸佔住「頬白」等鳥的巢產卵的鳥。「啼血等待的杜鵑鳥」。這杜鵑鳥，也是將自己的卵下在別的鳥巢中，在別的鳥巢中抱卵、育雛的狡猾鳥。

它的叫聲非常有趣。而郭公鳥又比杜鵑鳥大上一點，生長情況也和它極相似。現在，杜鵑鳥已被郭公鳥取代。這是再怎麼樣，都能保持勇氣的鳥。

在無風狀態中，往左往右都不確知，要沈住氣，不要涉入一團混亂之中。否則業務員也救不了。

最恐怖的事，莫過於在不明朗的慢性化中，忽略了自身之利。

非常厭惡的股

在這世界上，存在著各式各樣不同的人。所以，在考慮事情時，更要小心謹慎。不只在異性間，在同性間也存在著因為年齡、職業，以及其他各種的不同，而彼此喜好或彼此憎恨的事，這樣的例子不勝枚舉。

這實在說不出一個明確的理由。勉強要說，就是「打心裡頭就討厭」。一般而言，和自己的性格相左、趣味相異，是比較有說服力的說法。除了這些理由，大概一時也找不出有說服力的。其實，真正的理由是因為相互間的「波長」不合，無法正確而明白的接受到對方所傳達的東西。

占卜家與星相家動輒以出生年月日、方位、干支的作用等來努力說明。不過，這些仍然不脫出迷信的範疇。

我們對很多事情，往往會在事前有所預感。有時，脾氣較暴躁的人，也會為了一點點小事而發怒。相反的，也有一些人極為溫和。這些心理現象，都可稍稍用來解釋一下前述之事。

這是心理學的範疇中所謂的「性格學」，但並不完全只在這性格學中。在研究的中途遭遇挫折，是有理由的。

人的性格，原就是不安定的。「性格」之「性」。在『孟子‧告子篇』中的說法是「性若水」，它原本就是十分難以捉摸。

另外，在『說文』一書中，也記著這樣的說法：

「木，其形應是長形。」

由此再分出枝條，不但分辨容易，同時也有著格鬥的意味。強調著非常麻煩、複雜的意味。這些都用在說明潛在意識中，性格的差異。

在選擇股票種類、證券公司，甚至在選營業員時，人都受到好惡情緒的影響。

「對這種股我實在是不喜歡。」

「這股很好，我非常的喜歡。」

這些問題，在考慮買進時會占了舉足輕重地位。這樣一推想，泰半人都不會買自己不喜歡的股。若是「波長」不合，與自己不喜歡的人一同喝酒，那所有喝酒的樂趣就被剝奪殆盡了。

這時候，「敬而遠之」毋寧是個較為明智的作法。

必須自己獨立

這裡的「獨立」，並不是指自己一個人唱獨角戲。

投資，既然是自己一個人做的事，就必須有這樣的心理準備。像在投資於某公司的情況下，必須先就該公司所提供的資料仔細地研讀。

在投資證券時，也是將蒐集所得的資料研究過。而其中的心得如何，大概除了自己之外，無人能知曉。所以，投資家是不能依賴別人，而該由自己來領悟。

因此，投資家們最好能夠由被迷惑中，找出對策來。由自己所統計的資源中著眼，閱讀調查的資料，以及市場的走向趨勢等等。

由此，得到自己的結論，才能夠由此再下判斷。

為了要培養這樣的能力，就要去讀證券的專門雜誌、專門新聞，更要去聽聽演講。這都可以得到幫助的途徑之一。但是，在滿載著由證券公司所提供的評論、記事的雜誌、報紙中進行這些工作又會如何呢？

對證券公司所主辦的演講會，即使在百忙之中，也要抽出時間去聽聽，這是明智的投資家都知道的事。

停擺的手錶，使人一日可當二日用。要怎樣才能判斷出對手的證券人，究竟是不是池中之物，就是投資家的責任了。

這裡有個例子：

有一位投資家Q，神奇般地賺到了巨大的利益。

見到這成功例子的證券公司營業課課長想著：「這位Q先生一定是個天才！」於是，營業課課長就每週都會有一次造訪這位捧了大筆金錢、過著隱居生活的Q先生。他在Q先生八百坪的茶室中，向他請教股市的秘訣何在？

但是，Q先生對證券交易市場的知識，卻沒有特別的突出之處。即便是如此，喝著所謂的薄茶，會使人錯以為他是股票達人。

庭院的池子中，鯉魚跳躍的聲音清晰可聞。松籟之音，也同樣是清晰入耳。但是，Q先生實在是沒有太特別的知識，也不會特別的魔術。

Q先生對於各種情況的掌握，以及下最優良的判斷的能力，更是全盤皆無。一度以為他必定是具有大智慧的營業課長，現在終於明白Q先生只不過是靠他的運氣致勝而已。

所以，在股市中他人的才能所能給予自己的確實有限，還是靠自己的力量。

往「無友」進行

自己沒有一定的見識，只會附和贊同他人說法，我們叫它「附和雷同」。而人類，無論是誰都有這附和雷同性。

當自己一個人不知該如何下判斷時，就會先觀察周圍的人的反應，看看他們的動靜，然後回過頭來看看自己究竟要下什麼樣的判斷。

不管大人物，還是小人物，都有那種「向大勢靠攏」的傾向，這是人類的本性展現，是無可厚非的。當自己的行動、決定與其他多數人相同的時候，自己心中不安的情緒就會消除殆盡。

有句格言是：「分段同居之塵中交會。」

菩薩為了教化凡夫俗子，而與眾生同住在六道輪迴的世界中，是謂同居。與附和雷同，其本質上是有差異的。

一邊在多數人的意見中屈服，另一邊強調自己的觀念。而前者，可說是多數人都會選擇的路。

由於這樣一來，自己便隱在群眾之中，就會無視於這附和雷同性所可能引發的危機。

這條路是直、是曲，究竟該如何判斷？

又回到原來的話題上，還是要自己徹底讀過資料、研究過才算數。判斷用的材料，若只在手上而不仔細去看，簡直就會使人如墜入五里霧中。

一般而言，大多數的理論在什麼時候管用，什麼時候可以真實地進行是很難知道的。而多數人之所以相信評論，而決定其買進賣出，多半求於安心也說不定。

但是，即使是多數決定之事，也可以被推翻。

就算是專業人士，也常常會估算錯誤。

在大勢逆轉時，想想專業化的信條是很好的。

而想成大器，就要常常保持一個人的孤獨主義。

在專業人士的眼中，那些行動和別人附和雷同的人，其背後或許隱含著其他意義也說不定。

經常跑證券公司的人應當知道：與大多數人共同行動最好能避免。因為那實在很危險。

最好能在萬頭鑽動的股市中，默默的、冷靜的進行買賣。最主要還是不要輕易就動搖了自己的意念。雖然這彎困難，但仍要盡力而為。

「人跡鮮至之處，花之山。」

這是自古流傳下來的名言，到現在它依然十分合適。

在電光火石中要果斷

「啐啄」，我們可以將它引申出另一種學問。

在『廣辭苑』中曾說：「禪宗，就是機與得之兩相呼應。」另外也說：「得，重要是在時機。」

我們詳細說明「啐」這個字，即指雞在孵蛋時，由殼內傳來的雛雞的叫聲。為了要破殼而出，牠是由內側向外努力。

「啄」這個字所代表的，就是母雞由蛋殼外，嚙咬蛋殼以助小雞一臂之力。

而最困難的事，莫過於如何應用於現實問題之上。

流動著的水，是不會腐臭的。所以，千萬別錯失了時機。否則，與他失之交臂後，他是不會再回來的。如俗諺所云：「機會只敲一次門。」

由於股市是競爭得十分厲害的地方，很容易就使人身心俱疲。如果因為受困而降低鬥志，很快就會被擊倒。有時會如雪上加霜，使人完全失去了奮鬥的意志。

有人為求早日脫離這戰場，而草草的將手中持股出讓，以求解脫。這正是一種臨陣逃脫的表現。

在這個時候。只要稍微嚐到一些甜頭，有所獲利時，那麼，重新振奮的精神就又來了。因為有了安心的感覺，就能夠冷靜的觀察股市中的一切動靜，然後再根據自己持股的一些條件，正確地做下判斷。

時間可以治癒一切，在這之後，自己的心境又會回復到如平靜的湖面般。

現在，我們就將這整件事情搬到檯面上來說。股市的動靜，和現實投資之間存在著一種微妙的關係，而它不僅限於自己所投資的股而已。雖然同樣是投資人，但對這一點的理解可能並不相同。

在股市投資人中，有著各式各樣不同的人，而其中的運動、變化，更是瞬息萬變令人目不暇接。有性急、沈不住氣的人，心胸開闊的、不開闊的人。手中資金雄厚、不雄厚的人等，全部雜處在一起。有沈穩、好思考的人；也有涉世未深的人；有冷靜的人；也有凡事不加考慮、單憑一時之勇的人。真是複雜麻煩得很？

在股市投資人中，有大獲全勝者，也有些人並不那麼順利。他們的差別，究竟有那些因素呢？大約歸納起來，獲利者多半是那些對自己的判斷、行動都相當有自信的人。或者，也可以稱他們是一群「有自己的哲學」之人。

由於充滿了自信，就會對自己的判斷，以及在付諸實際行動之際非常的果斷。這種在電光火石間能果斷的人，正是成功者的典型。

「專家」是不可信賴的

我們常常看到一些為求便利而絞盡腦汁的業務員。上司們對他們都非常欣賞，平常也很少聽說他們犯了什麼錯。但結果，卻是令人徹底的失望。一旦在晉陞的途中受挫，一般而言，就很少能聽到這些人有什麼大的作為了。其原因何在呢？

這些人就是聰明反被聰明誤。

同樣的道理也出現在股市之中。有些人為求小利而買賣，他們只管著要在眼前獲利，當然，是不會有什麼大的成果。

但是，在股市中卻有相當多的人心中存著這種不管上下兩道都想要賺的念頭。然而，在股市中是沒有所謂的「百發百中」這回事，這樣一來，必定會眼睜睜地看著自己將過去所得的利益全部給回吐出來。

由此，像「名人總是會得到內幕消息」，及「做名人總比平常人占便宜」的格言就會衍生出來。

其實在股票交易的社會中，是沒有傻瓜的。

不過，聰明的人還是要考慮一下自己所接近的人如何。能集合優點者，並有勇氣付諸行動的人，大有人在。股市之難，在於那種先見性的判斷。能夠直視現實的人，也更該記取一些教訓。

有些人是可以同時駕御理想與現實的。股市，正是苦勞之始。當特定的股急切地動了起來時，就格外的引人注目。而其發行公司，卻又沒有產生什麼變化，這是為了什麼呢？

股價波動的要因，正是股市的先見性。像二、三個月之後的企業業績，及經濟界各種的變化等等，都是影響股價的原因。

影響股市的因素中，有一些重要的消息是沒有時間性的限制。在其中，也有像「才剛知道卻已終了」，及「運用消息」等說法的出現。

股市之迷人，就在於掌握機先上。要抓住這樣的魅力，是要經過努力，再加上稀有的才能。當然，這些富先見之明的人們，有著優越的經營分析能力，他們的業績自然就會比別人來得更好一些。

而為人所不知的，像這樣的人，他們所做的努力往往是要數倍於一般的人。有一些唱高調、一心只想著大撈一筆的人，他們大張旗鼓地說著大話。然而，大的波動在一年之內是不多見的。即使有了資金，沒有機會卻也是惘然。

所以，還是不要興奮過了頭，通常在一年之內，大概是上揚一回、下挫一回，不會有太大的市場。

股市中無人可為師

在股票的世界中，即便是「博士」，也不足以為師。

股市中沒有百戰百勝這回事，是大家都知道的常識。就因為它起起落落，使人時賺、時賠，所以才迷人。

而股票的世界中，和其他世界相異之處，就是它完全沒有「權威者」。在股票的世界中，老師、博士、權威者等，和其他人其實並沒有什麼兩樣。但是，重要的、手風很順的人。他們的言論則如最偉大的現實論般流傳著。

為此，更該要精進一分。

人類所考量的事，有時其層面會較深一點，有時候則可能淺些。而資訊站中，並不能給您任何有關某一股的股價會到多少元的預言。

連對自己的明天，都還不十分了解的人，如何能為股市預測未來？我們並不確知到了明天，股價會上漲十元，還是五元？

我們所能做的，只是判斷現在的股價是過高？還是過低？即便是如此，這還是不夠可靠。

所存在的，是準確率的問題。

到此為止，寫的都是關於股市的訣竅，但只知道這些訣竅仍沒有太大助益。因為不容易實行，就不去讀它這是不可以的。若只有讀而不與實務相結合，那也是不行。

其實，訣竅的實行並不真的那麼困難。知識仍然有著其存在之價值。以一個業務員來說，他追求一些細微之事的慾望是很強烈的。但慾望之強烈歸強烈，卻欠缺著時間性。

「知識」是可以活用於股市中的。

「消息」對投資者來說都是魅力十足的。但是，如果沒有能力下判斷，那就沒有資格來談股市。

在談論股市種種之前，必須要先有能力，有能夠將在股市中所聽到的各種消息發掘出來的才能。

股市無時不在蠢動著。這個餌的好與壞，就要由釣師的您來決定了。

一般的女性，對那些了解自己的人所說的每一字、每一句都會傾耳去聽。大部份的女性，則會選擇中意的話去聽，這是女性的驕傲之一。

股市也是一樣，要談，就要談如何才能獲利。

第四章

順其自然

分散投資要忌諱

分散投資，是那些對自己的股市觀察力相當缺乏自信的人所採取的辦法。有許多人也確實相信：投資許多不同的股票，可以防止危險產生，比較保險。

然而，事實真的是如此嗎？

這實在是一種昧於事實，欠缺說服力的說法。

在投資過程中，往往很有可能是A股上漲，而B股下挫。當手中持股不只A、B二股，而是很多家股票時，可能就只在股票之間的平衡打轉罷了。

當這平衡不斷地進行著時，又是如何呢？

我們從整個數字上看，會發現——其實獲利減少了。

不只是如此，更有甚者，在其徘徊之間，不但不曾獲利，相反的還賠了錢。

所以，分散投資在實際上並不可靠。

在股市中所採取的第一策略，還是集中投資於自己想投資的股票上吧！

半職業性的投資者，絕對不要買投資信託。在自己選擇股票、投資對象時，不要把它擺在優先地位上。

在選擇投資對象時，先在圖表上把它過去的高價、低價之間的波動變化研究清楚，確認它的底價安全地帶究竟在哪裡。

然後，再開始等待它下挫到那地帶附近。

這是為了保護自己的措施。沈默地守候著，絕不動搖地等待著。請只管耐心的等待看看。

有人這麼說：「股市是值得等待的。」這是相當具有投資經驗的人所說的。當股價下滑到前述的地帶時，就要儘早買進自己所要買的股票。

之後，若它再下滑，那就再買進。

雖然這樣一來，其平均值看起來比較低。但是，以股市中人的敏感度與神經質來看，仔細的計算後，會發現——其平均值其實和底價相當接近。

在這個基礎上，它隨時都有可能上揚。所以，要保持著進入戰鬥態勢的備戰狀態中。因而，投資人必須培養出臨危不亂的習慣，隨時保持冷靜。

有沒有多餘的時間、金錢是一回事，那不是問題所在。主要的是採取少數精銳主義，集中投資於某一家股票上。不要理所當然的以為在低價中買進是你應得的，這是本書讀者應該可以理解的。

一馬當先，以一馬領先駕御千騎的對手，自然可以得到十二分的成果。

投資者要樂觀些

有一個商家的主人，在除夕那日傍晚，指揮著家中的眾僕大掃除。這主人十分重視傳統習俗。他在新年之前早早就掃除完畢，為了要迎接祈福之神，也準備在當夜大大地熱鬧一番。上上下下為了渡新年而忙得不可開交。一切似乎都已完成，主人露出安心滿足的樣子。

新年那天，一早主人就準備祭拜。主人合手向神桌祈禱著：「希望今年一切順利……」這時，他偶然瞥見在一旁有個黑黑的東西。

「這……」原來，這是昨晚女僕在清掃時，不小心留在那兒的抹布。

於是，店裡的人都聽到主人嘆息著說：「唉！糟糕了！真是不得了！在新年一早就看到這樣的東西，真是個不祥的兆頭。」他幾乎是哭泣著說：「酒不要喝了！

也不必賀年！今年的運勢是好不起來。」

這時，正好鄰居經過，就對他說：「祝您今年一切順利。」

哭泣著的店主有氣無力地回答他：「怎麼可能呢？今年的運氣是不會好的。新年一早就抓到抹布，這實在是個很壞的兆頭。」

「就是因為抓到抹布，所以才會一切順利！」

「不是這樣的，這關係到我一年的運氣。」

「不！不！您還是會很好的。」

「怎麼可能？我拿到抹布了。」

「正是因為如此，我才說您今年必定是好運連連。」

兩個人就這樣爭辯不休。

鄰居又接著說：「您想想看，抹布代表什麼意義？它拭去一切污垢，不正是好運的象徵嗎？」

店主恍然大悟，他釋懷的大叫著：「來啊！今年必定是好年，把酒端上來吧！大家一起為新年慶祝吧！」

這是多麼奇妙的事啊！一句話可以改變一切。

其實，人就是這樣，你想快樂就會快樂，若一心只想悲傷，那當然只有暗自傷懷的份兒了。

一般人都是悲觀的，但投資人一定要樂觀派。

順其自然，保持平和

有位男子，怒吼著到寺廟裡去。他十分憤怒，青筋暴起，似乎眼看著就要有火爆的場面出現，情勢十分危急。這男子的兒子，默默地注視著他的父親，他是不久前才到這寺院裡來修行。

接待這男子的老僧如入定般，面對他的各項漫罵惡言，絲毫無動於衷。男子在激憤的叫罵之後，眼看面對他的老僧一點也不為所動，慢慢的就安靜下來。為了方便，我們姑且就稱這名男子為「A先生」。

老僧這時終於開口對他說：「A先生，您曾經有過在家接待客人的經驗吧？」

「當然！」

「您接待客人時，是不是盡可能的招待他呢？」

「這當然！」

「在那時候，如果客人相當的無禮，該怎麼辦呢？」

「如果客人不受招待，我仍是要客氣的對他。」

這時，老僧正視著A先生的面容，對他說：「現在，如果我對您口出惡言，是有禮貌的行為嗎？」老僧又說：「現在，我就要不客氣的對您說了。」

A先生抱著雙臂等著。其他的和尚都感到十分的訝異，他們注視著A先生和老僧，不知道會發生什麼事。

「A先生！您到本寺來，屢屢口出惡言，這是很沒有禮貌的行為。但是，當然這也是您的選擇。」

「——」

「如果愚僧也以罵還罵，惡言相對，您又會如何？現在如果您是主、我是客，客人的愚僧我不受您的招待，您又會如何？」

老僧說完這些話後，又對啞口無言的男子說：

「如果必須以憤怒對待憤怒。這實在不是好事。但是，一旦對方以怨報怨，那麼，很可能兩方面都討不到什麼好處！只有在對方發怒時，自己能保持平靜，才能成為真正的勝利者。」

知道對方正在發怒，而能平息自己怒氣的人，不但勝了自己，也勝了對方。

投資者經常要面對的，是上上下下波動的股價。當它下滑時，投資者的心如針扎。營業員也知道客戶的損失，而想著要在什麼時候儘量幫助他獲利，他們也不願意看到客戶哭喪著臉！但是，股市不是單憑一人之力，就可以操縱行市的上下。所以，與其在那兒心痛自憐，倒不如快快商量出對策來。

因而請各位投資人不要被嗔怨所擄，保持平和、自然的心情來看待股市吧。

精華之物在碗底

幾年前，我和日本某寺院的住持一同享受美酒。

最後，他端出了一個黑色的碗來，我打開蓋子，只見到裡面的清湯。

我以為這像妻女般的體貼，在酒後奉上一杯緩和胃壁的飲料。我開玩笑的說：「哈哈……在寺院中的和尚，湯說不定更具風味！」

就在我用筷子去攪拌的同時，令人驚訝的，從湯碗裡浮出一大堆的海帶。這種海帶的滋味，真是天下第一。

「哇—」真是令人感動。

這「海帶」因地方不同而有不同的名稱，如「海藻」、「昆布」……等等，另外還有個名字叫「水雲」。

事實上，如絹絲般，由纖維聚集而成的海藻，正是如「水中之雲」，它長在海底，因而也該說「在海中見雲」。創造出這名字的人，實在可以說是個「美食家的詩人」。才會想出如此貼切又富詩意的名字。

如果把這種海帶放在白磁的器皿中，仔細地觀察它，就可以看見在它上面有無數的、細枝狀的透明黏質狀的東西分布其上。將它放在水中，讓它擴散，等鹽分都溶出來之後，將它撈起來，和磨碎的生薑一起放入二杯醋中，其味道非常好。

在寺院中那種「和尚湯」在得到正名之前，姑且先稱為「海帶湯」吧！

『武家調味故實』是一本集合了武象的數十種調味方式的書，它被收錄為「群書類從」中飲食部的部份。是非常珍貴的一本書。在這本『武家調味故實』中，有這樣的一段話：「若是將海帶挖起來之後，在煎熬時，要加入甜辣味。」

原來，製造的過程是如此繁複。不過，想了想之後，我還是覺得將它放在和尚的食譜中，比放在武家的食譜中來得適當。在它剛被端出來時，我曾經誤以為它是清湯。一直到用筷子去攪拌，才知道原來海帶隱藏在底下。

在股票市場中，有許多的股票就像海帶一樣沈潛著，讓人不是很容易就可以發現到它。像這樣的神秘，也正是武家認為它美味的魅力所在。

有許多一般人不容易入眼的股，其實蘊含了一整座寶山，有著秘密的金礦脈。一旦發現了這個金礦，這投資家便能如心所願，如入寶山。

打開碗蓋之後要用眼睛、嗅覺、味覺一起去感受它。投資者在尋求投資股時，正確之道無他，只要再用手伸入碗底探一探，就可以得到不可思議的結果。

股市是不按牌理出牌的

有句話這樣說：「理外之理」。

在這裡，普通的道理、常識都不能用來做判斷。我們可以說它是「表現了不可思議的道理」。這在道理上是絕對正確的。但是，若不善於說明，或是說明有所不足，就很容易讓對方誤解。

在『俚言集覽』中所說的「理並非建立在理之上」以及「理是披了一層表象」等等，都在在與前面所提的看法不謀而合的例證。

股票市場有其獨特的性格。在其他世界中是理所當然之事，到了股票市場上，就可能會動搖。

這就是我們在一開始所引用的「理外之理」。由於股市不具有合理性，是沒有條理可循的，所以，股市才會那麼難以理解。

這些表現在人之上，就是所謂的「運氣」，也有人稱它為「勢力」，其象徵意味是相同的。這種「運氣」，並不需要用撲克牌來占卜，也不用占星術來測知。

如果一定要問這事有什麼秘訣，是不是只有花上長時間打入這個世界中，親身去體驗才會知道奧妙呢？

不全是這樣啊！為什麼呢？因為股市的變化，大概只有神才知道，不！不！股市應該說是個連神的存在與否也值得懷疑、不可思議的世界。

這在宗教中，就是所謂的「以心傳心」！

這句話出自於『傳燈錄』。也就是說，只能由心靈來傳播、意會。

這也是禪宗所用的方法，不可能用語言、文字來做表現，由師者之心，傳至弟子之心。『傳燈錄』其實就是『景德傳燈錄』的簡稱，是由宋朝的道原所編纂。禪宗的傳燈次第是由過去的七佛開始的。書中並集錄了印度、中國歷代諸師的傳記。

現在，為了投資人之便於理解。我們不妨這樣說：「股市只有在股市中才能有所聞。」

時間的變遷、人的活動、生活的易動，任何一個都不是依循著道理而變。一般的投資人在出入股市時，要避開烏龜。因為烏龜手、足都縮著不出來，所以令人嫌惡。投資人應該避免用它做裝飾品或其他用品。

一般應該不會下跌的股票，卻節節下跌，這就不是「理外之理」所能說明的。真正來說，還是該用男子漢廣大的心胸，靜靜地等待才是真的。

要合乎身體狀況的投資

想要大大撈一筆的思緒下，若是不小心輸了，就必定要賠出一大筆錢來，這是必然的道理。

照『孫子』的說法，要派遣十萬的兵力到千里之外去作戰，一般人民的經費負擔就會增大，很有可能要犧牲掉七十萬的家庭。

所以，若想要進行一大筆的投資作戰時，當然在開始之前就應該先做好相關的調查，做好萬全的準備再開始才對。

在大投資中，精神的疲勞是筆墨所難以形容的。而精神的消耗所帶來的影響也顯而易見。

從多次過去歷史中的戰爭，我們可以知道，長時間的處在緊張的精神狀態中，兵士們十分容易產生像金屬疲勞的反應，這樣一來就十分容易敗北。

即使是做好十二分的調查，未曾經過檢討就把船開出港也危險萬分。所以，投資作戰時，若光只靠很微弱的訊號就想下正確的判斷，那絕對不可能。

就算是為了更大的利益而著手投入長期戰中，投資人也可能會因身體的無法承受而垮台。

再一次想想看，像那樣疲勞不堪的投資，究竟有沒有其必要性？

當初以投資一千股、二千股的健全心態開始，然後賺得一些小利，嚐了一些甜頭。不自覺中就開始由一千股變成五千股，由五千股變成一萬股，在心中暗想著將先前的獲利變成五倍、十倍。

賺了錢就用來買車子、裝橫家裡，甚至也夢想著說不定能再買個新房子！

有一種船叫帆船，它必須藉由空氣吹動帆才會運行。但是，空氣流動所產生的風有其限度，帆船帆的張力同樣也是有限，這是誰都知道的道理，這也正是投資者應該謹記的，凡事皆有其限界。

有一些被譽為明君賢將的人物，他們之所以能常勝而保持不敗戰果，是因為他們在事前都做了充分的調查。不論何時，股市都相當難以預測。因而，有些人就會依賴一些所謂的投資顧問、一些毫無根據的資訊。

有些投資顧問，就會利用投資人的這種心理，向他們保證一定會獲利。一旦失去了信用，就用其他美麗的話來為自己做掩護。投資人千萬不要為他們所惑。最明智的投資作戰，就是合乎自己身體狀況的投資。

不動的股市也是股市

要避免危險是人所共同的心理。

股市是個自由參加的市場，什麼時候加入、何時退出、在哪兒買進、在哪一家掛出都不受限制。不過，因為交易的結果關係重大，所以，投資者多半會先慎重的考慮過，胸有成竹了才去做。

一旦失誤，當然就是要賠出一些錢，或者可能會再回到原來的起點。這時候就會產生一些像套牢，甚或斷頭的危機。

這時候，若是減價出清，一般咸認為賢明之舉。然而，果真這樣嗎？股市的變化相當複雜，然而，它多半只有上揚或下跌的情況。但是，即使在這個情況下，它卻不是只有「下跌」這麼單純。

最好的做法，可能是完全不動聲色，等待它自己再度反彈回來。在剛開始下跌時，利益的幅度就開始減少，可以計算出損失的程度究竟是如何。

只要是長時間投入股市中，就逃不過這種時刻的到來。

一旦碰到這個時候，先調查看看是沒有錯的。任何的消息都可能有其價值，不是絲毫沒有價值的。仔細地調查看看，說不定會有更驚人的發現。

人為的操作，就會影響一般投資家手上的股票。

有些人會被困得動彈不得，這些稀稀落落的行動，更要慎思而後行。做手的行動有時是模糊不可辨的。

那麼，究竟該如何是好？

問了十位投資者，可能會得十種不同的答案。就像人的容顏是相互不同一般，各人的股票觀也都不同。因為股市是無時無刻不在變化，所以，必須要隨時不忘觀察。

像期待、恐怖、貪慾、野心。發明、信仰、資金，以及天候、新發現、流行等等，以及其他數不清的因素，都可能是影響股市的原因。

很清楚的是：必須要股票的價值有所變動，才有可能獲利、賺錢。所以，投資人必須努力去尋找、發現那些可以發揮關鍵一擊，使股價真實上升的消息，以及影響股市的一些因素。不過，這些都勉強不來。

在股市中，除了天分及第六感之外，還要加上努力以及有正好可以發揮自己才能的第六感，才會有結果。

股市，其實是沒有休息的日子，投資人隨時都處在值勤、待命的狀態下。

強者能戰勝自己

病魔不是在您躺上病床的那一刻才開始侵犯您，同樣的，您的逆境也不是在不幸的事發生了才開始。

乍看之下覺得完全正確的道理，其實是有點草率。

生病經常會帶來一些併發症，尤其對老年人而言，那更是家常便飯。

隔壁鄰居家起火了，常常也會燒到我們家來，或者是家裡的小孩因為交通事故而亡故等，有時候就是這麼的倒楣，不幸的事接踵而來，真可謂「禍不單行」。

有些人想著：因A股下跌而損失的金錢，會在B股的利益中回收。這樣的意圖真是豈有此理！在股市中，B股也一樣可能有下跌的時候。

所以，不管是在悲慘的境遇中，或在走運的預兆出現時，還是要考慮一下。就像我們即使是在健康的狀態下，還是要小心致病的原因。

所以「謹言慎行」，就在於前項的考慮。

重要的是，人的行為舉止要掌握住「不勉強」的原則。但即使是世上一些善於處世的人，在他們以為某事的程度並沒有「勉強」到什麼時，其實已逾越了。

這就是在未明境界限何在，就不小心越過去了。這樣一來，在不知不覺間，就已埋下了未知的災難種子。

一旦遭遇災難，就像是察覺到自己的國境遭受侵略般，再後悔也來不及。

然而，人是十分容易得意忘形的。

人有人的本來面貌，也敬畏神。但是，若不敬畏神，因勢而得意忘形，正是最有可能招致危險的到來。

在股市中也是如此，正當自己自鳴得意、不可一世的時候，悲慘下場可能就在門外等候，等著要把人送到十八層地獄。

「三日天下」的明智光秀，正是最明顯的告訴著我們：「切忌粗心大意」的先人教訓。

賢人之強，不在於他能勝過他人，而在於能夠勝過自己。戰勝自己的慾望、克己復禮的人，正是「老子」筆下能勝於自己的強者典範。

賢明的投資人，或是閒來無聊的讀者們，必須知道克制慾望之心、合乎禮節的投資，正是合乎投資的王者之道。

微波蕩漾中

微波蕩漾，所表現出的正是非常緩慢的移動著。有一句傳誦一時的名句這樣寫著：「春之海竟日蕩漾蕩漾。」

「竟日」是指從早到晚，一整天的意思。

春之海在一日之中，緩慢、和緩的蕩漾著。這也是用來形容春天的海上，那無波的浪。

今日的股市，若是前市及後市都無動靜，也可以用這「微波蕩漾」來形容。

特別是當自己手上的持股一動也不動的時候，更是令人心灰意冷。在眺望未來時，看到前面的海上波濤不興，感覺上自己就像是海蜇般在海上漂流著……。這種「漂流」的感覺，用文學的語言來表達，可以說是「搖蕩」等等。意思就是完全不著邊際、輕飄飄的，定不下來。

在『萬葉集』中有一首詩：

「漂流在海中的大船尚可下錨，

無論如何卻阻止不了我的戀，
天上之雲即便再多的飄搖過，
九月的黃葉之山仍茫然以對。」

所謂動搖，是心情無法安定。「躊躇」、「猶豫」和「飄蕩」比起來，仍然有一段距離。

當自己以為市場中的閑古鳥鳴起時，而事實卻沒有這回事時，這正在傷害自己的人，就該立刻將與股市相關的一切事情完全由腦子裡消除，忘得一乾二淨才是真正的明智之舉。

即使是這樣，若是在酒亭中問起：「閑古鳥是什麼鳥啊！它的叫聲又是怎麼樣啊？」他一定會失魂落魄。

其實，回答很簡單，「閑古鳥」即是郭公鳥的訛傳，「郭公」比鳩小一點，鳴叫聲是「卡——闊」。

芭蕉有一句詩；

「閑古鳥之鳴引人憂慼。」

當閑古鳥之鳴開始出現時，正是思考著洗淨心靈的大好時機。

第五章

漲停三日跌百日

投資要耐得住

有個這樣的傳說：

從前有個人，買了股票之後就用它來當做隔門用的裱糊底子。他一買進股票，就馬上去辦過戶。回家後，就用那些股票來做四疊半隔門用的裱糊底子。

他很滿足的說：「這些用來糊四疊半是夠了。」

這個故事的真偽，已不可考。在我剛聽到這個故事後，就有一些疑問，到現在仍然是不明白。

聽完這故事，您大概也和我一樣，認為這故事大概是編造出來的。換句話說，我們都會懷疑，股票不賣要做什麼用呢？

如果想把它賣了的時候，因為已經用來糊門了，也見不到那些股票。更極端地說，說不定也有那種乾脆就把它燒掉的例子！

當在出賣該股票已經是完全不可能的事後，接踵而來，就是該股在增資新股時的股息分配。

現在，只要持股滿一千股為登錄證券時，就有這樣的權利。當然，是由發行股票的公司來分配。

前面的故事中人，大概就是考慮到將來的增資，才會買進那股吧！也就是說，將來的股息分配是他投資的主要目標。

這樣說來，這還是個對股票投資相當富有啟發性的故事，不是嗎？股票投資之妙及優點，正是在於它隨時可出售——當然，必須是在受政府監督下的證券交易所公開賣掉。

一旦出售持股後，大概在三天之內就可以換成現金。而這個「優點」，卻也正是故事中人將股票用來做隔門裱糊底子的原因。

與其說這人愚蠢，倒不如說他發現了另外的優點。

若是一旦股價上揚，以人類的心理而言，必定會為圖利而出售。因為股價上揚所帶來的誘惑，實在太令人心動了。為了要完全封鎖這樣的心理，才會將它裱入隔門中。

一般而言，長期投資的獲利，要比短線操作的利潤來得好，利益的值幅則有相當的差距。

在買進股票時，心裡所想的都是要大賺。但若是一上揚就為賺取差價而將它出售的話，雖然心情會很好，但是，利幅則會變小。

若是在下跌的情形下，固執的將股票囤積不出售，將來利益必然會增大。

投資人，還是請您沈住氣吧！

漲停三日跌百日

「漲停時賣，跌時買」。在最高值中賣出，最底價時買入，是誰都能明白的理想狀態。但是，也有些人的失敗是緣於這訣竅。

那麼，應該如何才能得其奧妙呢？

「漲停三日，跌百日」也是一句相當有名的股市訣竅，這正可以帶給那些追逐眼前利益的投資人一些東西。

股市其實就是一個循環的圈圈，功夫上乘的人得以順利搭上去，獲得利益；運氣不好的人則被丟在外面。

而眾所皆知的信用交易，正是這循環形成的大根據。

所謂股市，就像是急駛在險坡上，正當自己以為到達了不能再高的頂上時，突然間大角度的下降線就出現在眼前。

所以，在它下跌到某一個特定的程度時，那正是休息的時間。人可能會變得像隨便躺臥著、托著腮的一幅貪眠的樣子。這樣子所表現的，不只是「漲停三日，跌百日」，恐怕是「跌三年」吧！

自認是專業的人，有著不錯的搭上這循環的伎倆。在這裡不管是被稱做股票族也罷，勝負師也罷，都有著賭博的精神。

的確，不管業績再怎麼棒、再怎麼攀升的企業，它的股票仍然會有靜止不動的時期。股票價格的更動，完全依據市場的供需關係而動，這合乎其物理性質。

有些需要以干支、九星、曆日來做判斷的股票中人，常常要以外在的東西來幫助他們做為強弱的理由。這些人除了暴露出他們的弱點外，實在沒有什麼。

在『劉時．戒子書』中有「盡人事、聽天命」的話，因為人力有限，只好將剩下的任由天命處置。

「堅持信念則通極樂」，說起來，這實在有一點可悲。

通常，女性都比較不願意犧牲生活的安定性，去追求一些意外性。但在另一方面，她們也希望有所變化。

要在安定性、規則性中求變化很困難。相反的，若是不刻意求變化，則變化可能會是好事。

女性對那些在約會時會遲到得有點離譜的男性，比對那些準備出現的男性更感興趣、更覺得有魅力，就是這個道理。

但是，在進場時為求安全感，女性多半比較謹慎。有時即使知道它正在上漲，也寧願按兵不動三年以免後悔。

水中之映月

「陽炎稻妻欲撈水中之月而不得」。

股市是無形的。

這一點，正和映在水中的月影一樣。

月動、水也動。想撈起它則不可能。想要看破這一點，需要大智慧。

這也正是禪家所說的「肚」。「投機」的語彙，也是源自於禪機。

股市要有賣、有買才會成立。為了這樣，一切的事都含有向勝負挑戰的意味。這是真刀實槍的作戰，而不是玩假的。要怎麼決定呢？切斷？不切？能夠領悟到：「兩頭俱斷的話，一劍向天寒。」這句話的人，就已經佔住成功者的位置了。

兩頭政治有兩頭，雙刃的兩頭石斧也是兩頭。將一技發揮到極致的境界，這個境地就是禪。

投資者並非不可能會達到能「持心」禪的境地。為了滿足自己的慾望而汲汲營營的人，可能比較不可能到達，但至少在精神面上維持餘裕也是好事。千萬不可以讓自己的心靈乾涸了。

有些營業員難得出去旅行一次，有些人再怎麼樣也不把旅遊地的名產帶回來再送給投資人。一點也不注重禮貌。

買賣股票，每一次都必須支付手續費。既然如此，送一些東西給投資者是理所當然。這種不懂禮儀，也實在太過份了些。

賣出的股票向銀行取，買進的金額則用支票來支付，這樣就爭取到一天的利息了。不過，近年來大多數人均開了集保帳戶，此項交易法已改變。

捨棄小我、完成大我，這和股市之道大致相合。

守住自己做人之道，就會自生禪機。有人會由此而想參透股市之道。而參禪、結跏趺座等，精神的統一，變成只是形式罷了。

而禪家講的是「頓悟」，一旦能悟道，就可以明白股市中不可思議的變化。

股市之中並不只靠「智」，還要能參透水中月的禪機。

股市中要顧及明白

「明日之事與今日之我無關」、「誰能保證明天的事呢？」我們常常聽到類似這樣的說法。

但是，這種只看今日，不顧明日，強調刹那的思想是挺危險的。

有不少的人，在他們一聽到什麼好消息之後，馬上就爭著進場掛進。而這些人之中，就有不少人為了「不錯失良機」的理由，而在天值、高價中買進。

其實，先做一番調查再出動也還來得及啊！

真正利多的消息，就算再等上一、二天，也一樣是利多，對大勢不會有太大的改變。

不要勉強地購買。在競爭如此激烈的股市中，因為一時的衝動，最後卻後悔萬分的人實在不少。

股市老手所能提供的最佳評言，就是不要操之過急。

對專業的人來說，和別人買相同的股並不可恥。若只著眼於眼前，而失去了大局觀，就可能會困於其中而無法掙脫。

就算自己陷入了怎樣悲慘的逆境中，情勢再如何的惡劣，也千萬別太悲觀。否則，等於用自己的雙手來替自己掘墳墓。

「明天的事明天再說。」

即使今天的運勢不太好，也最好能多考慮，說不定明天的情勢會改觀也說不定呢！如果能夠領悟到「現在忙碌的籌劃著，仍不能實現的事，就是不能實現了。」這道理就好了。

人生數十年，惟有樂觀者才能得到最後的勝利。

若仍然不能明白，有一句話可以供參考：「有所損必有相對之得」。再怎麼悲觀，不抱多少希望的悲觀者，只要一想到「明天的事明天再說」這句話，大概就不會那麼的悲觀了。

老天對勝者、敗者都是一樣的公平。祂同樣賦與雙方相同「明天」的時間。所以，請不要慌了手腳。

有句話說：「說到明天之事，連鬼也會笑。」如果沒有了這份等待明日之心，實在挺危險的。杞人憂天這種事，還是少做為妙。

「運氣」這種東西，只能把它交給老天爺，這是在人力控制範圍之外的。當人只能旁觀而無能為力時，愁眉苦臉依舊不能讓花朵因而盛開。這樣的聽天由命，其實也需要很大的勇氣。

在『增鏡』書中說：「在不知明日的世界之後，要心如髮絲才能發現新芽。」

以三成獲利率為度

一般正常的情況下，任誰也無法預知自己在投資中可以獲利多少。

有時，我們會聽到某人的資產增加二倍、甚至三倍的傳聞。但是，這事的真假因為從來沒得到本人的證實，所以，誰也不知道真實的情況如何。

凡人的慾望都是無盡的，盡可能在最高價中掛出，然後求取最大的利潤。這已經不是在以股票做為投資工具了，這已經變成像在釣魚一樣，慾望一直在膨脹，要釣得更大、更多的魚。

而這些人也正是最可能為了追求二、三倍的利潤，反而錯失機會的人。

但是，它的限度又是在哪裡呢？

就算在這裡把它寫下來，讀者諸公還是可能不滿意。對那些十元、二十元也要盡可能存起來的人來說，這一點趣味也沒有。存錢這件事的確實性很高，不過，其滿足度卻很小。

考慮到股市的情勢，及股票的魅力等，一般而言，股市大都挺尊重「三成左右」的標準。

這個「三」，實在可以說是個不可思議的數字。

有許多歷史上及生活用語都離不開它，如三日天下、三號雜誌、三令五申、三教九流、三人行、三傑、三聖、三奇人、三國演義、三人成虎等等。

既然是以僅次於生命重要的寶貴金錢進行投資，三成的獲利正可以得到品嘗股票投資之妙的機會。而且不管怎麼樣，貨幣價值的變化也頂多在三成左右。

自古至今，「三成」一直被視為最適切的利幅，即便是要增加稅金，對它也不會造成太大的影響。為了要使貪婪的人斷念，也為了做一個區隔，三成正是最為理想的獲利利幅。

此外，在三成左右利幅下，正可以觀察股市全體，進而把握之、決斷之，所以它再合適不過了。

另外，以股市變化來看，「三成」左右也是在轉捩點上的合理觀察法。股市漲跌的屈折點，並不像直角那樣子，而是呈線狀的。換言之，我們可以用「三成」為度，在折點上下三成為範疇。

我們所投資的資金回轉率當然是越高越好。聰明的投資人，在注意到股市的變化時，當它下跌三成時掛進，上揚到三成就賣出。這樣的人，必定是經常看他春風滿面的。這就是我們為何要以「三成」為度。

上天會照顧正直之人

在股市中欺騙別人、做手腳的人，他自己也一定會在股市中同樣被人所騙。

上天一定會特別眷顧那些正直的人。

我們可以從歷史中找到許多正直、卻憨傻的人，他們在自己遭受到悲慘的命運時，一定會自認因為自己正直，上天一定會解救自己脫離困境。

正直之財才能留得住。即使是在五十元以下的股，也可以上揚到百元以上，這時的獲利才可以留存得住。有些較惡之人，靠狡猾鑽營來攫取不正當的利益，而對正正當當的人造成損害。

也許有人會在背地嘲笑那些正直的人，但是，他們多半到後來都追悔莫及。像這種投資人的事業生命，大概就只有二年左右。就像電視台的演員、歌手等一樣，最近在文學界、美術界也多半是如此。

沒有具備任何實力，只為了滿足自己的表現慾的結果，通常會面臨相當悲慘的下場。

「正直是一生之寶」。

正直，是一生中所該謹守的，最重要的原則。由正直入手，才能得到真正的幸福。

若在「道」中仍志得意滿不顧他人，向他人詐騙而來的金錢，是不可能存得下來的。在「道」之中，要謙虛自省，這也正是股市中相當有用的道理。

正如同「老子」所主張的，要一步一步來，千里萬里的大行程才有可能完成。踏出第一步對大道而言十分重要，就像我們不管做任何事，都必須先踏出腳步。

「合抱之木生於毫末，九層之台起於累土，千里之行始於足下。」只要踏出一步，離目的地就更近一步。遠大的事業，仍要由小處著手。

在股市中能獲得大利潤的人，他必定是先由近處的問題開始解決，並能保持正直的精神。

有備則亦有憂

當我們盡力在防備前方時，後方的力量就比較薄弱，這是當然之事。同樣的，當力量向後方集中時，前方就會變得較弱。

向右向左，總是難免有一方較不周全。若想要將前後左右全部都顧得很好、防備得很好，那麼，整體的防衛力就會削弱。這我們十分容易理解。

至於各部份的戰力會減弱，是因為要防備的地方太多的緣故。換句話說，要想自己的戰力強大，或者正可以說是令對方必須防守的地方過多。

這就是所謂的「有備則亦有憂」。

若是不分青紅皂白，將防備的力量集中起來，那不但不能令人高枕無憂，反而正可能是憂患之始。這樣極端的結果，反而可能使那些皆無所備的人受惠了。

既然積極的投資，就必須防範物價過高，也不可以胡亂的、毫無節制的投資。有許多人在表面上號稱是賺了不少錢，而實際上卻賠得慘兮兮。

憑情緒、心情行事的人，不可能會賺到大錢。

那麼，究竟什麼樣的防備才是必要的呢？讓我們一起回到原點來看看：

投資股票的目的，就是在於運用資產、達到蓄財的目的。為了達到這個目的，對於要買進什麼股，更應該在做過十二分的研究才進行。

但是，有許多人卻將這重要的決定，任由經紀人去處理。營業員說，現在股市中流行的是「建設股」，就買某某建設的股票吧！就這樣，在自己也還弄不清楚狀況的時候，就下單要買進某某建設五千股。

有時股市中流行鋼鐵股，就跟著別人搶進某某製鐵數十張。這樣的例子層出不窮。

像這樣如幽靈般喪失了自主性，怠於研究求證的投資人，不可能生存太久。即使是大證券公司中極有經驗的營業員，能大概的掌握股市中的狀況，也一樣會有犯錯的時候。因為股市的變動完全不可能掌握。

如果以為在大證券公司中，就可以高枕無憂的投資人，可要小心了。「大證券公司還是有可能瓦解的。」

有了這樣的心理準備，也正是憂心之始。

「有備則亦有憂」正是這個道理。

不要超出目標值

「目標值」終究是目標值，不要超過太多非常重要。

人類的慾望是沒有限度的。這就是所謂的人常常都會「得寸進尺」。

就像我們對小嬰兒的期望，這廂才剛站起來呢，下一步的目標就是會走。「目標值」的道理和它是一致的。聰明的人就能夠理解，「目標值」就是指人望的頂點位置。實際上，股市並不是那麼清楚地強調人望。既便人望再好，行情不好，一切都是惘然。

當股市開始熱絡起來時，整個股市中人都跟著瘋狂起來。瘋狂對瘋狂的結果，是誰也不能自覺。這時，自己就要保持耳朵張開，聽聽其他聲音。

在瘋狂日中，可能自己所買進的是連鳥都飛不過去的高價。但是在當時，因為害怕自己沒有跟進而爭著下單。這就是飆得太高的股市。

有些自稱「專家」的人，在這樣飆得過分的瘋狂股市中，也無法抽身而出。真正的「專家」，他的目標值總是訂在天價下面一點點的地方，他們更不會自稱為專家。

既然要投身股市，從投入的那一刻開始，就要有可能會失敗的心理準備。古今以來，從沒有任何一個人是抱著完全的自信投身其中的。就算是哪些走極端、特立獨行的人，也是一樣的沒有自信。

喝醉的人，對什麼事都不知道害怕。但是，在高價中買入、低價中賣出的人，和那些醉得唱歌、跳舞的人有很大的差別，其雷同性相當小。

我們不妨來看看漢朝戴聖所編的『禮記』，就可以知道所謂的「雷同」意義指什麼。

雷聲發動，則無條件應和之。聽到別人所說的話，就立刻表示同意。像這樣絲毫沒有定見，全部地接受別人看法的人，就是在附和雷同。

通常若是有人暗忖著自己的酩酊度而飲酒時，他多半不會過量。白居易主張「醉後顯真情」，『曾我物語』中則說：「龍在寢中顯本體，人在醉後現本心。」但這樣的方法道理，在股市之中難道會適用嗎？

對準目標，就是大家的好方法。

二種後悔可惜

『六甲傳』是本股市必勝的指南書。六甲的意思，就是指在由十天干、十二地支組成的六十甲中，有「甲」的甲子、甲戌、甲申、甲午、甲辰、甲寅等六甲，不知作者是誰。但是，這本「六甲傳」的價值，在於它提供了一本先人的股市指南為參考。

在輯中有句適用於股市的有趣訣竅，叫做「二種後悔可惜」。

在股市中，有二種的後悔可惜。其中一種，是在獲利之後的大幅波動。現在在等待中，十分後悔自己從面的大波動中跳脫了。就像俗話中的「追悔莫及」。他所追悔的，是那上揚，而自己沒能十二萬分地掌握住。

另一種後悔，是在十分有利的情勢之中，仍然有上升餘地，自己卻浪費了那機會。就像在釣魚的時候，釣不起來的魚總是比較大的一樣。

其實，股市中變幻莫測，有可能上升，也可能就逆轉反而下跌。在腦海中所認定的「損失」，有時其實並不是實際上真正賠了，只是錯失賺錢的機會。

前者的後悔，是用心過度；後者的後悔，則是慾念過強。

在『韓非子』中，有一段這樣的話，是雕刻家說的：

「在雕刻人物像的時候，鼻子要刻得大一些，眼睛要刻得小一些。鼻子刻得大一些，才能修改成小一點，若是當初一下刀就刻小了，就沒有辦法改。小眼睛要改成大眼睛還可以，若是由大變小就難了。不管在任何情況下，都可能會有必須修正之處。這時，若是事先留下一些餘裕，就不會失敗。」

這就是要留餘地的原因。

第六章

不要適得其反

避免投資在遙不可及的東西上

請您在決定投資對象時，還是把它定在您所熟知的股上面吧！就算別人再怎麼樣地勸您、鼓吹，或是從演講會的推廣中，業界刊物上的介紹，還是請您不要投資在不熟悉的股票上。

如此一來，才能確保您能賺到錢。

舉個例子來說，自己對自己上班的這家公司應該是最熟悉的。由於對公司及其關係企業的營運狀況都挺了解，在投資時，就十分有安全感。

當然，有一些內部的消息，是不能用來做為交易依據。因為那樣一來，就觸犯了法律，內線交易是不被允許的。

以上所說，它至少在與同業的其他公司做比較時，能使您的判斷正確度大大的提升。

所以，在投資自己身邊的股票時，獲利的機率就會較高；相反的，若投資到和自己遙不可及的股票上去時，其獲利率就可能不是那麼高。

要避開遙遠的、自己不知道的股。投資股票的第一步，就是要懂得避開危險。能夠避兇趨吉很重要。

通常，我們都說股市是「投機」事業，所謂投機，有時是會連自己的生命也用來做賭注的。既然如此，就不能對和股市相關的知識漠不關心，而應該廣泛地汲取消化，進而能運用自如。

若是要投資在藥品股上，就不能只注意在「股票」本身。連藥界的動向、新藥的開發，以及學界的動向等等，都有深入調查的必要。

若想投資在船運股上，就要從與船有關的知識，到各國的配船狀態都能瞭若指掌。投資任何的股都一樣，一定得對它有相當深入的調查、了解。

當我們在為兒女選配偶時，除了看看那人之外，還要向可信賴的人打聽一些消息。投資時，也是一樣要如此地慎重其事。雖然有點麻煩，卻是必要的功課。

有許多人禁不住別人的慫恿、或是被演講會所吸引、或是在讀了同業界刊物後受了吸引而草率決定投資。這些多半是沒有主見的人。

請記得要遠離遙不可及的東西，必須投資在自己身旁附近的股上。因為唯有真正的「了解」，才能夠避免自己的眼睛為表像所惑。

要能留心注意

眼睛不自主、被蒙蔽的人若是有一千人，能夠感覺到自己被蒙蔽的，卻可能一個也沒有。同樣的事，同樣的流入耳朵中，用心注意聽的人和那些聽過就算了的人比起來，差別就相當大。

即使提供了相當有用的參考資料，還是有人會有眼無珠的把它扔了。同樣的資料，有人認為它是掘出寶藏的藏寶圖，也有人隨手把它扔進垃圾筒。

一般而言，並不至於給一千人讀，有一千人把它扔掉的地步。大概在一千人之中，有九百九十九人是看也不看就把它扔了，只有一個人會去讀它。

有時則連一個人也沒有。那些完全忽略它的人其心理狀況又怎麼樣呢？

成功者並不是完全只靠運氣而已，還是得努力比別人多一分先見之明。從還沒發跡的時代開始，就能勤勉而正直的努力，然後才能變成大人物。

那些把全部的薪水都拿來追逐女性、買車、打高爾夫球的年輕人，將來注定只能跑跑龍套而已。

也有一些沒有親人，薪水得全部用做生活費，不能和女性出遊。他們雖然覺得可惜，卻也沒有什麼辦法。有些年輕人就鎮日坐在電視前一步也不離開；也有年輕人則將自己多餘空閒的時間，全部在圖書館中渡過。

十年、二十年過去了，當初那些只知道追逐女性的年輕人，都已經全部陷在高利貸的惡夢中而不能自拔。

成天只看電視的年輕人，在經過了十年上班族的平凡人生後，依然沒有希望再更上一層樓。

當初將時間花在圖書館的年輕人，現在忙著寫新聞評論稿，或是忙著演講，有著成功的事業生涯。

這些都是真實的。

重要的是，所謂成功的秘訣，就是指在人生中能有決斷力及實踐力。有魄力的人和沒有魄力的人，差別就在這裡。沒有魄力的人，一生都在靠別人拉拔他，只能在人世間浮浮沈沈，無所作為。

人生的秘訣和股市秘訣是一樣的：一是研究、二是努力、三是有哲理。聽過就算了的人，註定會是個失敗者。

您是沒有主見的人嗎

如果在播種之後，完全不去照顧它，那麼，絕不可能得到好的結果。沒有「原因」，又怎麼能期待它生出結果呢？

「一分耕耘一分收穫」，這是誰都知道的道理。我們把這道理應用在股市中，「耕耘」就是指研究費及時間、用心；「收穫」則指賺了錢。

雖然如此，仍有輕佻浮薄的人，即使其目的在於獲利，卻也不願意花勞力在耕耘之上。肥料不加、不動手除草，只在那兒盼著早一點開花結果。

這是困難到了極點的事。在這種情況下，又怎麼能期望花開、結果呢？

在股市中，應該不論誰都有這樣的認識。很自負的人、不太自負的人全弄在一起，就會吵吵鬧鬧個不停。

但是，若只將它悶在心中，對射中正鵠，仍然要有所準備。世間是非常廣大無邊的。即使自認挺明智的人，仍然有無數的人比您更明智。

股市的研究沒有終點，也沒有畢業之日。要冷靜地觀察自己所下的判斷。想想看，在自己所下的決定中，真正是自己的意見，究竟佔了多少份量？是不是在實際上根本佔不到一成呢？

事實上，有很多的例子是完全受了分析師、營業員的話、或是某評論家的話所影響，而下的決定。

但是，所謂「評論家」的那些人，其實一點實戰經驗也沒有。他們之中有許多人，只有寫寫文章的才能。冒牌的評論家，趁著這一股投資氾濫之風而湧生。

這證據就是：這群人的評論完全抓不到重點，使人如墜入五里霧中，一點用處也沒有。

他們最常用的字眼，就是「大概」、「或許」等不確定的字。這是沒有自信、逃避責任的表現。

和一些剛愎自用的人不同，有些人就是耳根子軟，那就會吃一些虧了。

當心樂極生悲

手頭缺乏資金的人，進出的股數就少一些，千萬不可以勉強超出自己的能力。

這樣一來，可以避免大的傷害。

在這種情況下，多半能夠大獲全勝，沈浸在勝利的甜美之中。然後，資金就逐漸在增加，手頭也寬裕了，可以隨意進更多股而不為所苦。二倍、三倍、五倍，手上的持股一直在增加著。

換個旁觀者的角度來看，隨隨便便就買進大量的股票，而他自己卻覺得理所當然，這實在非常恐怖。

當然，正常的世人都會想著賺得越多越好。而平常沒有錢的人，一旦手頭寬裕了，就這個也想買、那個也想買。為了要誇耀自己的威勢、增加派頭，就打個電話用最高的價錢來買進商品。

「這沒什麼」這樣做，只為了讓自己更有派頭。就這樣，這個人的言行一點一滴的在改變著。逐漸的，和人應對時他也採取高姿勢。

這樣一來，這個人就以為「世界是為我而生」，以為自己是萬事萬物的中心。如果這情況能持續下去，永遠都不改變的話，那倒是樁樂事。

但是，世事不可預料，它往往是事與願違的。

如果，將取於股市的資金，再用於股市，那麼，損失掉的金額就是那些了。一旦資金充足，家裡住的房子也翻新了、用的人也增加了。因為仍然不能忘卻當初賺了錢的感覺，所以即使在情勢不妙、下跌時，仍然認為會有轉機而買進。

從前行得通的，現在很可能就不行了。

由於操縱的資金可以自由運用，下意識的，就把所得到的資訊全看做有正面影響的消息。在下跌中仍堅持己見，等到下一波上漲時，先前所損失的金錢，就可以賺回何止十倍以上。

但是，股數少了就不能這樣做。所以，就不只五倍、六倍的買進，甚至相信十倍、二十倍的股數是使他致勝之道。對不好的消息，也看成是別人故意造的謠。

這人的精神，已經變成是股市中的乞食者了。

有許多人就是這樣耗盡手頭資金，甚至淪落到必須向別人伸手借錢的窘境。

不在天價時賣、不在底價時買

若是一心只瞄準在天價或底價上，很可能會碰上太早買賣的殘酷事實。

當您認為它進入了天價區域而想賣掉時，其實它才剛上漲而已。這一開始，就很難停了。相反的，當您看它已跌到谷底而想買進時，其實它還會再跌。

您以為它不可能再跌了，它卻仍會下跌；您以為它不能再高了，其實它正在攀升。

一旦在當時就賣了，很可能後來上升的幅度是原來的二倍，甚至三倍。不能夠忍耐的結果，就是在它剛上漲時，就被摔了下來。

下跌的情況也一樣，太早買進的結果會令人氣結，因為股價仍持續的下跌。這不是受了咀咒，只是在那樣的情況下它停不下來罷了。

由於考慮到自己的資本問題，不免在買賣時會有一點膽怯。但是，若是任情況發展，則損失的金額會更擴大、傷害則更加深。

在股市中，不管是上漲或下跌，要用較大的視野來看待它。通常上漲或下跌，都會有三波的波動。換句話說，就是它會上升一段、呼吸一下；再往上升一段、呼吸一下；再往上升至第三段，到達天價。

最初人類的心理，是計算體力能到達的界限，再算好時機。在下跌的情況下，有一點不尋常，在高價中能保持平穩，在這裡也是如此。這樣一想，就認為時機到了。這下，全部就都瓦解了。

在呼吸一下的空檔裡，也會有短暫時間的平穩。但是，再怎麼樣都會三波式的到達最後的上限及下限。如果能抓住這大陽線、大陰線的轉換，就可以安心了。

這種情勢的演變趨勢，正是由於人氣的轉變。最重要的是，這也是股市中常表現出來的一種習性。

有許多人往往在股市中會太急躁，還是先學會無視於自己預想的停止線吧！這些，是給那些只想在最高、低價交易的人的一點建議。

不要適得其反

「要做木乃伊，反而自己變成木乃伊。」

「木乃伊」是指人或動物在死後，其屍體長時間的保持原狀，有天然的木乃伊和人工木乃伊之分。天然木乃伊的形成，是由於土地的乾燥、礦物的成份、空氣的乾燥、或寒冷等等因素，使得屍體自然保持乾燥不腐爛，而變成了木乃伊。

在非洲大陸北部的沙漠、撒哈拉沙漠等處都發現相當多的木乃伊。

「要做木乃伊，反而自己變成木乃伊」。是指「去叫別人回來，自己卻一去不返。」的意思。現在引申為「不但沒有達到預期的效果，還得到了相反的結果」，也就是「適得其反」的意思。

傳說中認為服用木乃伊具藥物的效果。在撒哈拉沙漠中掘出的木乃伊，大概在生前都已囑付要在死後變成木乃伊，然後才會變成這樣。

除了木乃伊，另一種「蜜人」的傳說也相當有趣。老人除了蜜以外，不進任何食物。其死後身體在土中埋藏經過百年之後，就變成了「蜜人」。老人為了造福其他人而犧牲自己。掘出來之後，他的身體對跌打損傷具有神奇的療效。但是，只是為了治「跌打損傷」，而把自己變成木乃伊，這實在有一點誇張。

還有另外一種說法，是在牛馬的肉裡混入木脂，不過，這已是次級品了。

與這相類似的格言，還有「捕人之龜為人所捕」等，意思都很接近。

在股市中，我們也常常看到明明應該可以取得獲利的，卻反而結果是損失了的例子。為什麼呢？

像這樣的投資者，其出發點就值得檢討。

首先，他們多半都是意氣風發，十分囂張。在股市中，要隨時留心各種不尋常的事，要對情勢有清楚的了解。當然，對其周邊的條件及如何因應變化的準備更是不在話下。

「善用兵者，不為動所迷，舉止不為窮。」投資人在股市中，也不該被動向所迷惑，才能確保自己的投資生命。賢明而不為所惑，在行動後，才不會陷自己於困境之中。

投資人無論何時，都該清醒地旁觀，才能使自己不至於得到相反的效果。

有時要違反一下規則

在遭到敵人攻擊時，有時就不得不採取攻勢。這並不僅僅在軍事上如此。碰上了固守城池的敵人，不一定要攻擊才能過得去。即使有一塊適合做為戰場的土地，也有不能交戰的時候。

所以，將在外，君令有所不受，要視情況而定。

以上都是出自『孫子兵法』的策略。

當然，「規則」這種東西，必須要視時機、視情況不同而有所變通，並非牢不可破的。這樣的心理準備，對備戰的人而言相當必要。

「規則」到底只是「規則」，在實際交戰時會碰到什麼事任誰也不知道。有才能的投資人，應該有能力使它跳脫出書上的範圍，而得其真髓、運用自如。

由於設備投資熱的旺盛，而默默的買進與機械工業相關連的股票。在大證券公司的分析報告，及各項演講會上也聽到了相同的建議。

但是，這時自己就要先沈思一下，是不是真的有這個必要？

真實情形和大證券公司的分析數字可能不太一樣，實際的需要大概只有報告的三分之一以下。其餘的數字，多半只是為了刺激市場、帶動買氣而灌水進去的。

縝密的思考是必要的，這樣才能有所警惕。但是，若是過度到了疑心生暗鬼，就可能一無所獲。在這個時候，投資人應該要怎麼辦才好？

請您至少要保持沈默，睜一隻眼、閉一隻眼，不失為聰明的好辦法。賢明的投資家，是不論何時都在虎視眈眈地觀察著周遭的動靜。

不管在多麼熱烈的興頭上，它總會有冷卻的一天。這個時候，因應這種情勢的對策，就是「冷靜」。

即使處在戰則必勝的情形下，也還是要小心防範沒有想到的伏兵出現。冷靜的判斷力、決斷力就是要用在這時候。不能只在淺而易見的層面上打轉，就決定投入戰場之中。

撇開個人的情感，仔細分析、思考，自己投資的策略如何，才不會又回到起初原點上。

投資人的目的大概都是相同的，它不在於個別的股票上，而是在股市進出中所獲的利益，要獲取利潤。有時要違反一下規則。

投資者喜好食物熱氣

投資者是吃「熱氣」的。就像神仙們是吸「雲霞之氣」過日子一樣。這可不是隨隨便便在開玩笑呢！

實際上，投資者的確是靠熱氣過日子！不能由熱氣中，嗅出其味的投資者，實在不夠被稱為「投資家」的資格。由湯汁的熱氣中，嗅出其味、品嘗其味，是多半食家的鑑賞方法。一個優秀的投資者，也必須是個優秀的鑑賞家。

由熱氣中所帶的香味，不經過嘴巴，而由鼻中吸入，這是個極豪奢的享受。吃的東西，它的香味也是由嘴的深處傳到鼻子裡去。要經過口才能品味的，只能算是業餘的鑑賞家而已。

要熱氣中的香味十足，那就得讓食物的溫度升高。一般認為，貓咪不吃熱的東西，其實沒有根據。喜歡貓咪的人都知道，貓還是希望食物有其適當的溫度。

日本人有許多不同的食器，各有其不同的作用。像抹茶的茶碗，就必須要夠深才能保持其適當的熱度，才能同時品出茶氣和茶本身的香味。

但是，歐洲人和中國人的食器，就不像日本的那麼深。因為平一些，才好擺在桌上進食。

不管是欣賞何種茶道，在評論茶碗的美的價值之前，應該要先考慮到它是否有保溫的效果，及幫助鑑賞者聞香。在股市中也是如此，有些人只考慮到股票的美與價值，而忽略了其他因素。

在大證券公司的分析報告中，有一些是根據公司的推薦，而評論家則只是把它傳送出來而已。有一些記者們，他們也只是把廣告客戶的公司股票，在同業界刊物上刊登介紹，並不是因為它真的值得介紹。

這時，就只能靠讀者自己下一些判斷了。

讓自己有足夠的能力，能夠由上升的氣味中，分辨出其香味。嗅覺確實的人，對事情的反應也一定會更快速。

做一個明智的投資家，就應有識別股票的能力。

「食霞氣的投資者，是明智的投資家。」您是這樣的人嗎？

對相關的耳語要特別用心

有些時候，有些耳語、小道消息會出現。而這些消息，又該怎樣去取捨呢？重要的是，這些資訊提供者所指的範圍相當廣泛。

但是，在股票市場中，有關的市場，應該是指幹事證券，或是在股市形成時，中心部份所完成分派的任務。前者就是所謂的「筋證券」，而後者則是被稱為「作手股」。不過，有時也會發生後者搖身一變而為前者。

有A集團，現在要進場了。他們盡可能多買到幾百萬股的股票，於是就放手去做。同時也透過其他的證券公司來買賣，以免太惹人注目。

一般既然被稱為「作手」，就應該有著充裕的資金來買賣，也有的以要付利息的貸款為資金。

出乎意料之外的，用貸款來支付的人竟是如此之多。
所以，在跟進作手的行動時，千萬要注意，不要莽莽撞撞就隨便搶進。
而一般投機集團的作手，他們往往是除了目標股之外，也會連帶的炒做其他的股。
每個人的消息來源各自不同，所注意的層面也不盡相同。所以，請各位對各式各樣的消息都要留心。
情報靈通的人，往往能夠不可思議地賺上一筆錢。因為他們不忽略「耳語」的力量。
他們在衡量情勢之後，會去發掘對他自己的買賣有所幫助的消息面，當然也要把小道消息考慮進去。
至於消息的真偽、可靠性如何，還得靠自己的才能賭上一賭才知道。
股票市場就是這樣，消息不夠靈通的人，註定只能跑跑龍套，還得付出十倍、甚至不可計數的代價。

單靠財力仍會失敗

有資產的人，才會在股市中活動；有豐富財力的人，才會投身買進市場中。

一旦將自己的金錢投入，在自己的夢中，就好比西沉的太陽，現在要再一次的向上冉冉升起一樣，似乎充滿了希望。要落下的太陽再度浮上來的力量，就是那些毫無辦法的財主，也就是資本家。

這些人一直都生活在順境之中，他們也確信，只要靠自己的方式去做，就一定可以達到目的。別人的勸告、建議對他一點用處也沒有，他一點也聽不進去。在他的心中，只有自己是天地間的偉人，是「唯我獨尊」的。

然而，若是只有財力而已，又會變成怎麼樣呢？

如果因為財力充足，而不去學習、接收股市相關的知識，僅有財力而無能力，那麼，再怎麼有錢也是徒然。

買進大量的股票，損失的幅度就增加，金額的損失也相對的就更加多了。

另外，若買進的股數較少，因為在財力上不虞匱乏，也比較容易頑固不通。

也因為如此，在下跌時買進的股票，慢慢的就會增加到原來的二倍、三倍。當然，一旦損失時所賠出的金錢也會增加二倍、三倍。當代理人或別人勸他時，他反而會進更多的股，「反正，我有的是錢啊！」

就這樣進了二、三倍，甚至更多的股，完全忘記原來的考慮。這些人不知考慮損益，只是一味的頑固不通。

所謂的「股票」，本就應該在低價時買進，在高價時賣出才能賺到錢。也必須掌握住這個原則，才能夠得到巨額的利益。

但是，股市就有著如壞女孩的魅力，當它發揮魅力時，會使人頭暈目眩。可能會在高價時買進，反而在低價時把它賣了。這樣的人，反獲利之道而行，是不可能賺到錢的。不但如此，一旦走到下坡道，很可能就此一蹶不振，兵敗如山倒。

在這樣的狀況下，運用自如的資金，反而使損失的金額更加擴張。這就是「致命的財力」。

第七章

等待回升反而不升

股市中沒有虧本賣

當有人決定要拋售手中持股時，持股價格就不再是問題了。

但是，話雖如此，該跌的時候還是跌。

在『史記』中有一句話「敗軍之將不可談兵」，那就是指失敗的人，已經失去了再次陳述意見的資格。

同樣的在『吳越春秋』中，也有「敗軍之將不可言勇」，另外在『太平記』中的「敗軍之將不可再謀」，也都是相同的意思。

演唱歌手大概可以分成二種典型，一種是不論何時何地，都唱著主打歌曲，而不知改變。另一種則是不斷的研究，一直以新的面目出現在舞台上。

這二種同樣是世間人，但是，我們都不難發現到底誰可以稱得上是老資格。這二種典型，到底是前者會有發展，還是後者有發展那當然很明確。

身為投資者，就要有能力判斷怎樣才是正確、怎樣是不正確的。如果以這二種典型來看，對投資者而言，前者的失敗之處，在於他的不知變化。

股市的變化和世間的變化不太一樣，世間的變化是以日計數，而股市中時時刻刻都在變化。如果不知這些變化、不能適應變化，沒有資格來談股市。

「從前都是這樣的啊！」

像這樣的話，完全不合時宜。

『論語』中說「溫故而知新」，在股市中則一定要「知新」。在股市中，「知新」是有其完全的必要性，「溫故」固然重要，「知新」卻更該進行事。

若將股市中的曲折，對應到戰場之中，就像是敗軍之將帶領著勇猛的兵士們撤退。撤退作戰，總是很敏捷的。

要避免一些窘境，還是得讓自己求新才行。

評論家的後見之明

股市的「評論家」真是越來越多。有一些連名字都從未聽過的人，也一本一本的出書。他們的書幾乎是自費出版的，另外，還自己出錢在同業界刊物上打廣告、做宣傳。

由於他的書不放過任何廣告的機會，而刊物也因為他是廣告客戶的關係，就對他的書有較好的書評。被蒙在鼓裡的投資者，就這樣因為弄不清楚狀況，而以為他是大人物、他的書一定具有可讀性等等。

但是，事實豈是這樣的呢！

有時候，當諸股都高騰上漲，他就會發表評論，「在這段時間應多加警戒。」這樣的話，普通的人都知道，實在是用不著要「專家」的知識才知道。

但是，一旦意外的，股價就和他的想法相左的固定下來，他又會厚著臉皮說：「這是很妥當的。」

這一群所謂的「評論家」除了筆和稿紙外，什麼也沒有。聽信他們的話之後，最後倒楣的，還是投資人。

在這些人之中，也有一些為自己留退路，故意在下筆時比較不直接、含糊，而避免將來情勢的變化對他的預言不利的幼稚評論家們。

在這世上，有很多人對事情的判斷完全不考慮任何理由，只憑感覺來下結論。也有的人挺有趣的，他們是被高超的理論所吸引，追從理論而得到其效用。

在這裡再一次的說明，在股市中所重視的，是實戰的經驗。若是在股市中嚐到敗績，其原因一定不會只是「無知淺學」。

原因不是「無知淺學」，而是盲目的慾望。

在理論上一定可以買進，但是，自己的貪慾卻可能使這理論上正確的事變成災禍。一直以來的努力，可能會因為慾念，在一瞬間全部化為泡影。

請您還是不要忘了主體性吧！

「在股市中別忘張開耳目」，傳言歸傳言，進了耳朵之後，還是要先判斷一下再說。那些一聽到別人有什麼風吹草動，馬上搶著跟進的人，真可以說他們是著了魔。

自己調查、研究、學習，這樣一來，才能分辨出那些冒牌的評論家、學者。

自己要會懂得避開危險，遠離那可能將人燒得面目全非的火花，正是投資人第一件該注意的事。

有自信才不會被迷惑

俗語說「千里之行始於足下」，只要踏出一步，離理想就更接近了一步。

在安德烈・馬露羅埃的名作『王道』中的主人翁貝里加，他在叢林中冒險犯難的時候，口中常唸唸有詞地說著：「要打起精神來。」

研究再研究，就能夠築起難以攻陷的城堡來。城壁的石頭是要靠自己用雙手，一個一個地堆積起來。「自信」與「決斷」，正是這其中重要的兩個因素。

最重要的是，要有綿密的調查及冷靜下來，才能做下正確的判斷。不動搖的自信，才能幫助自己儘早做決定。既然人非神祇，自然也有可能會下錯決定。但是，如果已經做了綿密的調查，至少可以減少讓自己狼狽出醜的機會。

在堅固不落的城池中，要有不懼外敵的心理準備。絕對不可以喪失了平靜，任何時刻都要保持談笑自若的風度。若是喪失自信，就會驚慌失措。

股市中生存的哲學，就是不要勉強。

有所勉強的話，就很有可能會失敗。要避免那種縛手縛腳再進行挑戰的蠢事，也不要做超乎自己能力的投資。

當人在很緊迫的時候，眼睛所看的東西就可能不是那麼的清楚，行事就可能有所誤。在股市中投資的一個必要條件，就是要用多餘的資金來買賣。

在股市中，不管什麼時候，都只能維持在「八分飽」就好了，絕不能將全部的財產都投入其中。這就是俗語所說的「吃八分飽不必看醫生」。百獸之王的獅子，應該是絕對不敗的。但是，若用一根小刺刺牠，牠自己就會從洞穴中暴跳出來。

在優劣明顯時要進行挑戰，就像是弱小的小狗對著獅子吼叫一樣，必須格外的小心。

在損失的時候，也要做如是觀。一旦不行了，還是把它賣了比較好。但是，還是有許多人無法下決定。

進場買賣的目的，就是要賺錢。我想沒有人是會為了賠錢而投身於股市中。這就是為什麼要做十二分的調查，還只能用多餘的資金來買賣的道理。

魯的太史左丘明的『春秋左氏傳．襄公十一年』中，有句「有備無患」，這句話值得我們反芻再三，細細地玩味。

慎選交往對象

有些人並不會去查詢事情的真相如何，只是單單憑著傳言，就以它為買、賣的依據。像這樣的人，還是對他們敬而遠之吧！選擇和自己來往的人相當重要。

為了要磨鍊自己，應該要接近優秀的人，而且積極的接近。有些無用的傢伙，對開盤與否根本就輕忽之。所以，和良友在一起，才對自己的處世有所助益。

所謂「近朱者赤」，惡友一多，自己受的污染就更嚴重。善友是唯一能幫助自己的人。但是，善友卻很少、很難得。

在股市中下錯決定，並不會使人因而身亡。但是，卻會招致不小的損失。所以在和周圍的人交往時，應該慎重思考一下，這個人是否會為您帶來損失。

有些所謂「消息靈通人士」，在聽到這些人說「買」時最好快「賣」，在他們說「賣」比較好時，還是「買進」吧！究竟人家所說的是有益的建議、還是廢話一堆，就要靠您冷靜地判斷了。

有些人是在進步中，有些人則不然。將自己身邊的份子過濾一次，就可以知道每個人的價值如何。

不要害怕自己變得孤高，人類的修行，原本就是從孤高中出發。

賺錢不是一時一刻可以急速得到的，如果沒有基本知識，就一定會遭到挫敗。為了賺錢，更該有早人一步的精神。

我們常常看到一些所謂消息靈通的人，但要小心，消息不要來得過早。

由於交易買賣是相當自由的，所以，有些消息的確可以幫助您洞燭先機、拔得頭籌。但是，那些能早一步得到消息的人，也一定是經過了人所不知的努力之後，才有這樣的一日。他們可能不打高爾夫球、也不打麻將，因為他們根本沒有時間做這些事。

若是能和慎重、默默努力的人在一起，那簡直就像和寶山在一起。他們是能探知礦脈、發掘機會的人。

在股市中，自己絕對必要十分的努力，因為那是和自己的心做一場苦鬥。無論在什麼時候，不要讓自己太顯眼，儘量接近良師益友，成功就指日可待。

買賣價格不可輕易變動

譬如說，時價百元的股，您指定用九十七元來買。

由於股市比自己想像中弱，很輕易的就達到比百元低的結果。變成九十九元、然後九十八元，到最後減價為八十元，似乎只是時間的問題罷了。

像這種情況下，減價到九十七元、九十六元、九十五元，甚至跌到八十元。仔細想想，這實在是件很糟糕的事。

但，到底是怎麼回事呢？

買主您所指定的價格似乎不必照常進行了。

原以為九十七元的指定價，應該可以跌二元到九十五元。但是，股市的變化無常，連神仙也無法預知。它跌到九十六元就停了也有可能。

然後，情況可能就此逆轉、開始上漲，到一百元、一百二十元、一百三十元，甚至突破了二百元還沒有停下來的意思。

眼看著這令人眼花撩亂的走勢，真令人不禁感嘆人之渺小微弱。

到這個時候再來想，當初如果不輕易變動，就可以買到那股，賺到錢了。有這樣的心思其實一切都惘然。

在賣出的時候也是一樣。為了害怕自己的賣價會低過買方所指定的價格太多，而拉高了己方的價位。這樣一來，很可能會使到手的鴨子也飛了。

指定的價格，應該是自己計算出的合理價位。

有些時候，人所下的決定並不完全是正確的，自己也有一點心虛。

當自己並不十分明白時，不妨請益於賢者，由他所給的教訓中，領悟出一些道理來。只是想想，誰都能做。但是，有些人就是十分的固執，他自己想不通道理，卻也不願意拉下面子去問別人。

其實，這就像迷路時向人問路一般，沒有什麼可恥的。

要變更指定的價格，要保有自己手上持股，這些都是您的自由。但是，自由卻不能單純的只為「自由」而自由。

就像您在湖中游泳，一方面「秩序」是必要的，另一方面，您也不必為了遠方的狗吠聲而改變自己。

很輕易就變更指定價格的人，大部份都是氣量十分狹小的人。越是三心二意的人，越不容易得到好處。

等待回升反而不升

誰都不願意自己所買的股票有所虧損。

有時候，我們會有「等待下一波上升」的想法。但是，世上的事有時會事與願違。有時，我們期待它上漲，卻反而下跌，這樣的例子屢見不鮮。

股市是相當不可思議的地方。有時剛買進又持續下跌，賣出後就一路上漲。這看起來有些不可思議，但仔細想想之後，其實還挺合乎道理。

在自己想要的價值中買進，放置數天後，見它有下跌的傾向，就按奈不住想把它賣出。這是一般人常患的通病。

股票這種東西，如果能在下跌時買進、上漲時賣出是再好不過了。

老資格的營業員有必要向顧客做一些說明。

「愛之深，責之切」，對自己所愛的子女，更要以較嚴苛的要求來對待他們。這麼一來，自己所愛的子女，才能在更艱困的要求中茁壯起來。

對股價也是如此。

有些下跌中的股票，它反彈的力量其實非常強，可能會有大幅度的飛躍。

不要太過忽略股票市場的走勢。有許多年輕人往往無視於股市的走勢，反而把重心全都放在有所影響的消息上。消息是值得重視的，但在股市中，更該注意它的趨勢，以及各種股票的特性。

每種股都有它特有的性格，和人一樣。在股市中，有必要將眼光放遠一點。用有距離的眼光來看股市，多少會對看清時勢有一定的幫助。這樣一來，也更能幫助您握住勝利的鑰匙。

要怎麼做才能達到這目的呢？

其實很簡單，只要注意股市的大勢就可以。

所謂「秘訣、秘方」，就是要靠自己去意會、理解，是不能由他處獲得的。我們看到一些在下跌中賣出的悲劇，卻也看到不少因為堅持在高價中出售，而在不知不覺中替自己掘下陷阱的例子。

期望太高，往往會導致悲劇。尤其是女性，非常容易有這樣的傾向。常勝將軍的策略，就是要果決。

一知半解是損失之源

我們來談談一些關於武藝的事。

有時，我們會因為對手的渺小而自負。由於這樣，使自己變得像「神仙」，是個傲慢的人。

只看到神仙威揚的外表，卻沒有實力來做後盾，這是十分危險的。一旦必須面對真正的強者時，自己就會像嬰兒般毫無反抗的能力。這樣一來，才首次發覺到世界之廣大。由此開始再出發，進而求窮盡「道」之深意。

在股票市場中，即使是黑帶的階級，也同樣不能太武斷。有些人把分析圖表、資料等都生吞活剝地嚥下去，在說話時也許聽起來很像一回事，但他卻只是一知半解、半瓶醋響叮噹。

「道」的鍛鍊，即使用三十年、四十年的時間也仍然不夠用，絕對是不夠充分的。一知半解的兵法，一知半解的武道，正是所有傷害的來源。

真正能融會貫通的人，他是不會為現實所困的。這也正是那些一知半解的人所不能及。

證券公司的店頭快速在進行著，他們常會這樣也不行、那樣也不行，而講解的人更常常在自吹自擂。

在店頭的投資者中，也常常可以看到一種人，他們因為自己賺了不少錢，就十分的志得意滿。其實，常看這些例子的人就知道：如果忘記了「虧損」這回事，那「賺錢」的希望就有如針小棒大。

這些人就和卡拉ＯＫ中，那種「有一首特別拿手的歌，無論如何都要抓住麥克風唱給人聽」的人。在卡拉ＯＫ中那人耳中所聽到的，只有他自己的歌。他人的想法對他來說並不重要。醉也罷，清醒也罷、喜歡也好、不喜歡也好，這位先生並不關心。

店頭投資家中，正常的例子較少，大部份都是慾望很強的人。而投資人卻像遇上了貴人般滿足。

這種投資人並不是完全盲目相信秘密資訊的人。了解他們的營業員，就利用耳語戰術來接近他們。而一知半解的投資人，就以為那是只有自己才會知道的消息。實際上，卻是早已人盡周知的事了。

更有甚者，那也可能完全是胡說八道而已。

個人投資買賣由地方開始

在大的證券公司中，投資者很容易會被帶起狂熱的買賣慾望。如果是自己的個人投資，倒可以考慮一下其必要性如何。

這個時代，鄉鎮的景氣也挺興盛的。在都市中，花錢的場所相當的多；但在鄉鎮，可以花錢的場所就相當有限。

現在，股票投資的魅力已影響到鄉鎮的人。一旦積蓄了一小筆錢，就會浮起投入買賣股票行列的念頭，對股市的關心度也與日俱增。

逐漸的食指大動。每天早上打開報紙，一定先翻到證券交易新聞那一頁。

就這樣，由當初的只是看一看、到偶爾讀一下，然後投身其中的念頭就逐次的加重。

最近各證券公司普遍在各地設置分店、擴張業務，為鄉鎮的投資者開拓另一條路。在國內不管是什麼地方都已有電話、電腦的連線，連絡非常的方便。

為了建高速公路而把田地變賣；為了蓋房子而把山地換成金錢，鄉鎮的人是越來越擁擠了。

這些人手頭上有了資金，把金錢換成股票，對他們來說是挺有利的。一旦股價上漲，又可以用股票買股票。換句話說，在數年以前，信用交易是相當盛行的。

但是，現在情況不一樣了。

鄉鎮的投資者，手上所持的金錢一旦足夠了，就用來買現貨，做為資產的再投資。這在性質上已經不再用信用交易的擔保了。

當個人投資者的數目剛開始增加成為一種趨勢時，我們還曾經一笑置之。然而事情已經有所變化了。

由於鄉鎮的人對發生在都市人身上的新聞比都市人更關心，這使得在股票下跌中失利的，多半是居住在都市的投資者。

由於新聞的來源相當多，它也不會呈現出單一性。在這一點上，鄉鎮的人對新聞的熱心就比都市人要多。

既然是沈穩地取材自新聞，也是很穩的買進，他就不會很簡單的把它賣了。於是，在股價上漲時，參加一份的人群中有大部份是鄉鎮的人；在股價下跌時，七零八落的則多是都市投資人。

好吃的東西要小口品嚐

自小，我們就聽過類似像「好事來時要再考慮一下」這樣的話。這實在是意義十分深遠的話，有時毒藥是會包上一層糖衣的，若是沒弄清楚就貿然吞下去，那真是危險萬分。

有些股票我們認為它一定會下跌。

下跌二成、三成，甚至到一半。我們想著，它大概就不會再變化了吧！

但是，在這個時候要掛進也是挺難的。

在股市中充斥著各式各樣的小道消息，在它還沒有下跌的時候，預期的恐怖心理就已經開始動了。

自己認為便宜，或者覺得價位太高的心理，說不定正是由於這樣而來的也不一定。

那麼，到底該怎麼辦才好呢？還是默默地買進就好了。

如果原本是想買一萬股，現在就先買一半五千股，或者是三分之一——三千股來看看。

這就是所謂的「好吃的東西，要小口品嚐」。

如果它又下跌了，那就再掛進五千股，不，三千股就可以了。

第二次的五千股、第三次的三千股，這些都是自己的才能、判斷，以及決斷的成果。

重要的是，在我們買進的時候越便宜越好，即使只便宜一點點也好。所以，沒有把全部用來投資的金錢，在當初就一股腦兒全部投進去，實在是明智之舉。

把預定的投資金額分做二份或是三份，對投資人而言挺好用。像這樣分階段、逐次地投入，正是武家的戰略之一。

總而言之，若是判斷出它的底限為何，就先在那附近買入看看。如果看錯了，它又繼續下跌時，這一次再把剩餘的金錢投進去。

只要股價從這裡開始躍升，投資人就成功了。在股市中，天頂與谷底的差別相當大。投資者就要有能力分析出在這一波波動之後，究竟是會變成買方市場，還是賣方市場。

有喜歡看美女的男子，也會有男子對看美女絲毫不關心。女性方面也是如此，有感情非常容易被觸動的人，也有不太容易動心的人。

而股票市場正是如同戲劇般，有悲劇，也有喜劇。自己在參加演出時，要在二種之中選擇哪一種，也只有自己才能做決定。

滿月只有一夜

若是能虛心的看事情，不為慾心而左右判斷，在完全思考過後做下決斷，定能在股市中獲利賺錢。

這樣說有一點不可思議。不過，以大多數人的體驗來說，一旦認為「自己是名人」多半就會為其所困，而無法正常地做出決定。

營業員在教初學者時，因為責任心的關係，會一再的告訴他這些事確實並不困難，以期達到比預期更好的效果。

而投資者這方面也因為是新手，希望有所依憑。

慎重再慎重，小心再小心才能達到目的。「小心翼翼」這句話是出自『詩經』的大雅，意思就是要深深地用心，對細微小節也要用心注意。

然而，太過慎重小心也不行。

過分的小心，會變成成功的束縛。

當一度嚐到好滋味時，一般人都會想再試一下。若能絲毫不在乎，大概不是一般人吧！

喝過美酒之後，都有想再喝一口的希望。這樣一來，慾望就先建立了起來，而喪失了虛心。為了滿足慾望，開始有些念頭要更進一步。

實際上，卻受困於一知半解的知識之中，這就像在咳得雙唇通紅的狀況下，還往嘴巴裡丟進香菸一樣，看似滑稽，卻也十分的悲慘。

竭盡全力，會有所謂盡全力所需要負擔的風險。

但有時人就是會受到幸運之神的眷顧。而這些幸運，有時在他本人心中卻不做如是觀，他反而以為自己是世界上最有才能的人。

由於有了這樣的自信，就會放手去做。但是，到下一次的逆境來臨時，很可能就把長久以來的利潤全部消耗殆盡。

然後，就必須喪失自己的人格向別人借貸。

專業的投資家，應該發揮其作用，讓那些驕傲的人反省自身而起淨化作用。不成熟投資人的僥倖，是不可能一直持續下去的。

「好花不常開」，榮華富貴是不會持續到永久的。就像「木槿花」，它在夏至秋間只有一重，其他時候則為八重的白色、淡紅色、淡紫色的花，早上開花，到晚上就凋謝。所以，俗諺云「槿花只一朝之榮」。

大家都知道千里之行，仍然需要靠一步一步前進才能完成。「千里之行始於足下」，除此之外，也要知道滿月只有一夜。這樣一來，才能誠懇地進行交易。

第八章

股市老手也有失手時

落葉歸根，倦鳥知巢

開時異常燦爛，使人十分賞心悅目的花朵，在經過一段時間之後，就會散落凋謝在根部附近，成為肥料，滋潤它的根處。

在空中自由飛翔的小鳥，當夕陽西下，日漸黃昏時，就會回到牠的巢中。每樣東西都有它自己的歸處，這是自古以來不移的道理，也是人盡皆知的事。「落葉歸根，鳥返古巢，由此而知春之停留者幾凡。」這是一首值得細細玩味、沈吟再三的句子。

還有一則：「花往根、年玉行座元札。」

座元札是劇場的主辦人給客人之札。在這一句中，是指實際的主辦人名所印刷的，有其名銜的宣傳單，觀眾把它當做紀念品帶回家。

股票市場也一樣有其回歸性。

升向高價的股價，並不會永遠的守住這個位置。它早晚會往下跌回它本來應該有的位置上。

自己所買的股可能漲了五成、六成。當它意外地升到二倍時，就一定不會再升高。在這一股裡，它的價值就僅止於此，人們所能獲得的利潤就在其中。

但是，股價一定會再回到原來價格的附近。

如果不聽勸告，硬是不肯出售，就很可能必須面對下跌時所帶來的苦果。

「上漲百日，下跌三日」，用上百日的時間才能攀升的股市，一日下跌時，可能會用超快的速度，在三日之內就跌破了谷底。

前面所引用的「落葉歸根，鳥返古巢。日傾中天，松柏之青色褪盡時，為五衰之時。」

「花歸於根時，藝人亦消瘦。」

「落花歸於根，更戀所生木。」均有類似的說法。

股市老手也有失手時

俗語中有所謂的「弘法也有筆誤時」，「猿猴也有落下樹梢時」。他們所要表達的，就是「再熟練，再好的技巧，也會有失手的時候」。

無論多麼成功的人，也會有失敗的時候。

另外，這些話也可以在偶然失敗間，用來自我安慰、解嘲。在股票的世界裡也是如此，「股市老手也有失手時」，意思和前面那些格言相同。

雖然已經小心萬分了，只要有一個環節稍有誤，就會使人做下不正確的判斷。

不管在親子之間、夫妻之間、朋友之間，或是在師徒之間，都存在著一些親密的關係。由這親密的關係之中，所衍生出來的感覺，會使我們只看到對方好的那一方面。這樣一來，就不可能有適切的判斷，也不可能有正確的評價。

在熱衷之餘，必須小心自己在腳下掘出陷阱。一旦不小心落入自己所掘的陷阱時，想要脫困而出，恐怕不是那麼容易。

沈溺於股市中，會使自己變得盲目。這比在其他的歧路上迷失要來得更深刻、更恐怖。

它有時會使一家離散，因此而提前結束生命，也不乏其人。在股市中追逐，並不能和沈溺者一視同仁。

「溺者從不問沈落之道」。已經沈溺的人，一點也不會擔心自己實際上是不是已經沈溺了。等到自己開始發現周圍的情況有一點異樣時，通常已經到相當危險的時刻。

以喝醉酒的例子而言，他們有時明知自己的情況，也知道喝醉酒後的後果，卻仍逞一時之快，一口接一口地喝下去。然後，當然就醉了。

一旦喝醉了酒之後，對自己的所做所為就完全無法掌握。在股市中，如果忘了自己才是主體，就像是喝醉酒一般，沒有辦法掌握情況。

有人因此導致巨額的損失，甚至變賣所有家當。這是不能夠靠撒撒嬌就解決了的。

沒有人是為了損失而投資股票。投資的目的只有一個，就是要獲利。

在追求利潤的同時，別忘了「股市老手也有失手時」，在一連串的好運背後，是不是也隱藏著一些危機呢?越是對自己所喜歡的東西，就越容易受騙，這是值得注意的一件事。

技巧熟練者也會漏失

「鮟鱇善於烹調，水也一樣從手中漏下。」

「當時，水自妾的手中漏掉了。」

「有趣的是水從女郎手間漏出。」

這些都在說，再怎麼熟練厲害的人，偶爾也會有失手的時候。

這些的意義，就是「猿猴也有落下樹梢時」，也就是「弘法也有筆誤時」所要表現的意義。

不管再怎樣出名的名人、大學者都是一樣的。

尤其在不確定要素相當多的股市中，這更是當然。

「明鏡也無法照出裡外。」

就算是一點污塵也沒有的鏡子，也不可能同時映照出裡外兩面。即便是智者，也有看錯、看漏的時候。

但是，以明鏡而言，它映出了物形，就如同歷史上的事實，可以供現代人做為參考一樣。然而，在股票的世界裡卻不一定是這樣。過去的例子，並不能完全用來對照今天的情況中，有的情況可以用，有的則不可以。所以，有時在這個世界中，還是要聽聽別人的意見。

以「明者」而言，他在面臨情況到來時會怎麼做呢？「明者」，就是明白事理的人，他會在兆候還沒現出之前，就次第的領悟，想出對策。

以「智者」而言又會是怎麼樣呢？智慧者，在危險尚未具體成形時，自己就會先想出一套避免災禍的對策。

這就是「明者謀對策於未萌，智者避危險於無形。」這出自於司馬相如『上書諫獵傳』中。

另外，在『說苑』中也有一些意味深遠的話，以現代的語彙而言，就是：「明者能視於冥冥之情形而謀對策，聽者可以聽於無聲，慮者戒於未戒之事。」

您究竟要選擇做明者、聰者、還是慮者，全是您自由的選擇。股市中的強弱，無法明確的說明。

這沒有什麼理由，只有實踐。明者、聰者、慮者，三種不同的型，您要選擇哪一種呢？

難買時表示股票會漲

有許多人在便宜時買進。但這並不是成功的唯一理由，在股價低落時買進，仍有低價的事情。

買進時，要考慮所謂的業績推移，還有買氣的問題等，都是必要的條件。有些人想著，在便宜時買進，就把它放著等增值。後來卻堅持不下去而把它賣了。

相對的，在高價時買進更要加以注意。

它之所以會高價，一定有其理由。可能是業績的增加、增資或是預期股息的分配等，更加的使它受歡迎。如果只因為它在高價，就對它敬而遠之並非良策。

一般有所謂「易賣時股市會高漲」、「易買時股市會下跌」。這可以由日本慶長八年，到慶應三年之間的二百六十五年間，發生了一千三百餘件農民起義的事件可以證明。

在十九世紀前後，農民要求商品生產後能在市面上自由流通。由此而發生了一些起義事件。

當時對商品自由流通的難處，有這樣的說法：「當賣出之聲如泉湧出時，市場價格就會下跌；買的需求增大時，市場價格就自然上升。」

優秀的分析才能，就在於找出什麼是必要的。

大多數的投資人，都是爽朗活潑、幽默，喜歡賣弄辯才而洋洋自得。在談話的內容中，若除了幽默風趣之外，仍不失其真實一面者，可以稱得上是個中老手。實際上，這樣的例子也是多得不勝枚舉。他們的後盾，就是知識、眼力、資力，再加上勇氣。這是在專業化之後的現實。

在明朗活潑的另一面，也需要細心周密的考慮。如果失去了這一點，那無疑只能算是「喋喋不休的機器」。因為他說的話沒有任何內容。

在分工化、專業化之後，若失去縝密的思慮，就會淪為機械化。

不拘小節、行事漫無目的都是不行的。當我們走在黝黑昏暗的隧道時，任誰都是在十分警戒的狀況下，一步一步努力地想走出黑暗。

在這個時候，身上有支手電筒或是煤油提燈，都十分重要。在大家都喪失了自信時，只有他仍能充滿信心地往前繼續走下去。

逆大勢而行，需要相當大的勇氣和智慧，才不會在野外送命。

什麼樣的股，即使在低價時也不可買進，什麼樣的股，即使在高價時也非買進不可，都靠您自己判斷。

然而，在現實中，這樣的例子還是挺少的。

匹夫不可奪其志

我們要知道，有一些看似弱小的人，他們反而是出乎意料之外的堅強。不可以隨隨便便就輕慢侮辱這些人。

俗語說「蚯蝓也會有角」，「瘦腕中仍有骨」等，都是同樣的意義，「一寸之蟲亦有五分之魂」也是。

『天智天皇』中就說：

「青蠅雖然形體渺小，但具毒性，一旦入人腹中，可以奪去五尺之軀的生命。一寸之蟲亦有五分之魂。」

有些乍見之下十分穩重的人，一旦投入股市中，就變得固執不通。換個角度看看，意志堅定的人要適切於情況才合度。

在世界上，弱小的狗也會以吠聲壯聲勢，同樣的，也有許多愛擺架子的人。

就像有些證券公司的業務經理。他從早到晚都板起臉孔，教訓部屬這裡不對、那裡不對。在他周圍的人，根本就弄不清楚他，只覺得他十分莽撞。

他也不在乎顧客的看法，這是十分失策的。

像這樣的人，他根本就完全不懂得用人之道。要用人，只要多花一些心思，在小地方多體諒別人，其聲望一定會非常好。一般的情況裡，若對部屬能不吝於稱讚，偶爾舉出一些具體的成果來慰勞部屬的辛苦，部屬必定能銘記在心，加倍努力效命於他。

相反的，有些人對部屬十分的嚴苛。即使對很有才能的人，也吝於給予一點點的稱讚。

他們最常掛在嘴邊的，就是「業績怎麼這麼差呢？」對部屬動輒怒吼，這樣的人，又怎能期待有所回饋呢？

這樣子做，往往只能得到反效果。

像這種業務經理的智商大概是不太高的，所以，只能採用舊式軍隊所用的「斯巴達式」管理。

這樣一來，部屬會做的，就只有對上司低三下四、極盡阿諛奉承之能事。

以股市而言，有些股是挺有個性的，常在跌到谷底，被認為是欲振乏力的情況下，突然急速上漲，令人為之瞠目。這就是不願意低三下四、阿諛奉承的典型。

能發現到這一點，也是投資者的研究結果。

股票的生命有限

有座碑文「花期苦短，憂勞苦多」。將這句話借用過來，就成了股市中人所說的「股票生命有限」，帶著幾分自嘲的話。

會說出這話的原因，大概是因為即使是獲利賺了錢的股票，也維持不了相當長的時間吧！因此脫口而出，就是這樣的一句話。

人類的生命，就像是櫻花一樣。同樣的，股票市場的薄命，也可以與櫻花的落花相比擬。

實際上，櫻花是非常容易散落的。櫻花的種類繁多，特別是在日本，更是應有盡有。在十數種中，最晚開放的叫做「八重櫻」。這種櫻花別名又叫「里櫻」，是由人工改善後栽培的品種，而非野生於山野之間。

普通的櫻花，在五個花瓣中有一雄蕊，在其周圍則是許多的雌蕊。

但是，八重櫻的雌蕊卻全部都變成花瓣，另外則不結果。

由於櫻花是十分薄命的花，所以，在詩人的筆下所要描寫的，多半不是它開時燦爛的美，而多半卻是詠嘆它散落飄零時的悲哀之情。

一首「櫻」，摘敘如下：

「矗立在櫻樹之下，
不知該如何是好，
就在我直立於櫻樹之下，
心情逐漸冷卻、淡化，
散落一地的花瓣欲言又止，
愛惜青春啊，
現在正是春之白晝。」

懷著對獲利賺錢的無限憧憬，很多人加入了投資人的行列。為了要賺得更多的錢，人們十分努力的投入。

自己也是如此，試著加入投資人看看，就能夠使自己感受到那種氣氛，在股價暴跌時，也為之落淚。

但是，情感是不能用來做縱橫股市的唯一武器。明智的投資者們，在明白「股票的生命有限」的情況下，自然能夠在股市中出擊致勝。

對晝寢的小貓不可輕忽

不知為了什麼，關於小貓的魔性傳說特別多。

小貓的眼睛十分厲害，牠的鼻子一定都是冷的。小貓的鼻子，絕不會像女子的腰枝般溫熱。

另外，就算把貓放在大暑的日子裡曬三天，牠的鼻子還是冷冷的。

大暑是二十四節氣之一，也就是陰曆的六月中、陽曆的七月二十四日左右的酷熱日子。

有個關於貓的故事：

從前，有一個很有名氣的獵人。他有一隻貓咪，在他入山打獵時，那隻貓總是捲伏在火爐旁睡覺。獵人每天都很有朝氣，有一天早上，他跟往常一樣精神奕奕的上山。

就在山裡，他突然碰見一隻從來沒看過、也沒聽過的怪物。那怪物的恐怖，就連已是狩獵老手的獵人都忍不住心驚肉跳。那隻怪物身軀雖然十分龐大，但是動作卻十分靈活，獵人想逃也逃不出去。

於是，獵人只好用槍對著牠發射。奇怪的是，怪物卻一點也沒有害怕，仍向著獵人來襲。

因此，獵人的彈藥全部用完了。

「不要啊！」

就在這時候，那怪物突然變成一隻巨大的貓，對著獵人猛撲過來。

獵人在無計可施的狀況下，使出了秘法，終於還是將那隻巨貓擊殺成功。他仔細的檢查那隻貓，在牠的旁邊，有一個唐銅的鍋蓋就掉落在牠的旁邊。

貓將那鍋蓋銜在嘴邊，怪不得牠不畏懼獵人的槍彈。獵人再仔細一看，那隻大貓居然長得和他家的貓咪一模一樣。

獵人急忙趕緊回家，果然，他家廚房裡的鍋蓋不見了，而在怪貓旁拾獲的那個鍋蓋，正是他家之物。

當然，他家那隻貓四處尋找也不見其蹤影。

像這樣的故事在四處流傳著，都是關於貓的無情。

正如同俗語說：「養了三年的貓，三日內就可以忘記恩情。」所以，故事中才會提醒我們注意晝寢的貓。

但是，對假寐狀況下的股票也不可以忽視。它可能停止不動，長達二年、三年之久，但在突如其來之間，它突然出人意料地動起來了。

任何的股票都不可以對它掉以輕心。要小心突如其來的變化，千萬不可粗心大意。

煩惱之姿亦惹人愛憐

夏目漱石門下有一位「中勘助」，他的童話般風格，在同儕之中相當少見。自己寫出己身的感受，正是身為詩人的信條。和中勘助有共同感覺的人其實相當多。尤其在戰爭中，那更有另一種成為逃開世事的作用。

在他的作品中，有一首題為「可愛的白萩」的詩：

「可愛的白萩，

在風的誘引下搖擺蕩漾，

思及戀情如朝露夜露，
煩惱之姿亦招人愛憐。

如玉珠般之露，
散落散落在風之中，
愛慕之情亦如風吹我身，
紊亂了本心。」

「白萩」，就是指花是白色的萩。是屬於秋的七草，豆科的亞灌木。那種植物的原產地是韓國，優雅的姿態惹人愛憐。

讀了中勘助的那首詩之後，映照在股市中，您有什麼感覺呢？

當中意某一家的股票而欲買進時，又是如何呢？「這樣一定是行不通的」，這樣長吁短嘆、一籌莫展，或多或少令人同情。

「買了，一定不好吧！」在猶豫著到底買不買，考慮過所有的因素的結果，有如被風吹得四散的白萩花。尤其是女性的投資人，更是十分容易有「散落散落在風之中」的境況出現。

然而，這並不是在歌詠中，也不要存有太多羅曼蒂克的幻想。喪失了主體性的投資是不對的。

聽信冒牌評論家的話，或是任同業刊物所操縱，爭著搶進某一種股票，大概只有一種結果，那就是「賠錢」。營業員勸您要買進某種股，說它一定會漲幾十元、幾百元，這種說法並不是根據實情所做的建議。

在一切都難以預料的世界裡，怎麼可能斷定出它一定可以漲幾十元、幾百元呢？

這完全是為了勸您買進的台詞。看穿了以後就沒什麼。這時，千萬不可以點頭答應。

注意不夠成熟的茶

將溫帶的茶，往寒帶氣候地區培育，必不得成功。後來，移往溫暖的地方去栽培，生長的情形非常的好。

在平緩的丘陵地帶上的氣溫、日照及降雨量、排水等，再加上多霧，就成了栽培茶樹最適合之處。

以春茶的魅力而言，新黃要比新綠來得好一點。喜好新茶的投資者大有人在，在其中，也有一些眼色會改變的人。

「玉露」一般在四月初，遮斷陽光，保存著鮮綠色的葉子，增加水份以使香味鼓滿。

摘取新芽必須在五月初旬後的十日內，摘茶要用十分靈巧的手法，讓指頭在葉中穿梭。那是十分繁重的工作，並不如想像中還可以一邊唱著歌般的悠閒。

「玉露」是茶中極品，摘下柔軟的葉子之後，拿去蒸乾，然後照著「葉乾」等等繁複的程序，最後才做成這上等的「玉露茶」。

如果把它放在陶質小茶壺中，顏色會變白的超春茶，在店頭想買就十分困難。喝入口時，它會在鼻的深處破開，在眼頭及耳朵有充血的感覺，而且，會有突然的清涼之感。

在茶店的招牌下多寫著「春茶」的傳單，而「春茶」的意思其實是指「今年的茶」。所謂春茶，應該是細胞分裂、黃色的幼芽。

有些股票，法人買它、外人買它，大家都在買它，但是，它卻是只有短暫壽命的股。

然而，營業員卻會一再向您強調，它一直還會再上漲。這些營業員，就像是要將還沒有十二分芳香的新茶，一下子全泡給人喝。這樣是不行的。

這就像在招牌上宣傳是「春茶」，而實際上卻得先放在茶托中才能辨明它是未成熟的。

股票要一點粗獷的品味

法國人對東方人把牡蠣拿來煮、烤感到十分的不可思議。因為實際上，生吃牡蠣是最美味的。

但是，我們在海鮮店裡所看到的，卻是洗乾淨的牡蝠，身體被水泡得腫脹，完全失去了生命的味道。貝從海底被撈起，現在變成在陌生的環境中，自然活躍不起來。

撈上來三、四日，牠就可能會死去，所以，越新鮮的就越珍貴。

真正的美味，就是將貝身由貝住處切斷，什麼也不沾就直接吃。

是有一點粗野，但這是最好吃的。既然要吃它，自然要找出最好吃的方法。在餐廳中販賣的牡蠣，全都是除去了殼，放在碎冰上以求美觀。為了顯示其華麗，另外用小的玻璃皿裝好調味用的番茄醬、檸檬、芥茉等，還加上一些裝飾品。不過，真正的美食家，只有吃貝肉本身而已。除了充分的鹽氣之外，任何的調味料都會破壞其固有的美味。直接把它送入口即可享受其美味。

其實，在品嚐牡蠣的生命時，股市的名人們應該會有痛切之感。純樸之味，感觸到牠的生氣、精氣，並不是只有舌頭得到滿足。這些是稚拙的文字所無法表現的。

白白的腹部，周圍褶形的外套膜，以及半透明狀的小粒柱。這三者之味，很有創見的說法，在嚙咬的時候會有醍醐味。

投資者在選擇投資對象時，也會有相似的玩賞過程。

現在這股所佔的位置何在，它會由高值中下跌到什麼程度。一直下跌、下跌的話，會不會有再攀升的可能？

高價的份量如何？當人氣離散時，高價會稍跌，人氣集中時，它又會如何？

要冷靜地判斷出日上影線、日下影線的關係如何，會有怎麼樣的轉變。

在咬下牡蠣的那一刻，從牠身體裡湧出來的汁液，像卵般、像乳狀的東西是最具有風味的。

投資者在選擇股票時，若也能滿足這些條件，自然是最具有風味的。

第九章

不可過份堅持己見

股市訣竅和商場相同

股市之道四通八達。在股市中鍛鍊出來的人物，他們的直覺都相當敏銳。敏銳度不可以遜於其他人，才有夠資格在股市中生存下來。若以這看事情敏銳度，用在商場的經營之上，必定可以獲得成功。

股市就是這麼恐怖的地方。小心的人會說，自己是平凡主義者。

百獸之王的獅子，常常把自己的小獅子丟到谷底去鍛鍊牠。人類則是到荒野之中體驗、鍛鍊自己，然後再入世間時，才有其能力。

股市中常是一起一落、虛虛實實不可預測。

它變化的厲害，在這世界上大概只有商場能與它互相比擬！它是嚴酷、刺激、危險的。

所謂人生，多少都帶著一點投機的意味，商場上也同樣有點投機。

但是，最具代表性的，還是股票的世界。

由於股市的變幻無窮，直接和它接觸過，在其中修練過身心的人，無論到什麼企業去，都能將它經營得十分出色。

股票的世界裡，並不是單純的私房錢的分配問題。要能夠放得開，先擔負得起一些虧損，才能夠將自己的膽量鍛鍊出來。這樣的錢，等於是在繳「學費」，這是吝惜不得的。

我們不妨把證券市場想成炮火場。在這之中，慢慢地抓住了竅門，然後再把它應用於商場上。也就是說，證券市場可以用來磨鍊出人的敏銳直覺。

人的身高大概是長到二十五歲，就停止再生長了。人不是筍子，但是，早上的時間仍有伸展的餘地。

俗語說：「早起三兩、勤儉五兩。」這是說明勤勉的好處。但是，卻很少人知道早起和身高之間還有其關連。

而股市投資人的「早」，是比別人更早一點、更快一點。即使只是比別人早一刻得到消息，也十分值得。

佛家修行，要用上一生的時間。股票的世界也是如此。而投資人必須比別人更早搶得時間，所以，早起對他們而言也很重要。

能抓住股市的竅門，就足夠在商場上比別人得意了。

最終的結果才具代表性

「早晨攻下一城，傍晚失去一國。」

戰國的武將們一直都生長在這樣激烈的環境之中。

其實，投資人也並不例外地生活在「早上獲利千金，傍晚家財盡失」的恐懼之中。

所以，投資人和戰國武將的世界倒是挺接近。

為什麼會變成這樣呢？理由十分的明顯，任誰都可以將它一眼看穿。

這是因為股市無時無刻不在變化，就算是神明來了也無法辨明其勢、預見其變化。但話雖如此，人類還是在其中浮沈著。

它的勝負相當嚴酷、冷酷無情，充滿了殘忍的競爭。但是，它依然有其特殊的吸引力。

牛或羊的乳做成的奶酥，是一種有濃厚香味的汁液，被稱為「醍醐法味」。語出自佛家，是一種相當尊貴之味。

拿它來形容投身股市的滋味再適切不過了。

證券市場，和那種美味之間的關係是相等的。它們都有不可抗拒的魅力，一旦沾上了、嚐過了那樣的滋味，就再也無法自拔而沈醉其中。

在今天開盤時順勢往上衝，勢如破竹，一路所向無敵的股，可能在一夜之間就跌到谷底。

就在這漲跌之間，可能買方及賣方都會有戰死之人。它的勝負是如此的嚴酷，但也正因為如此，而證明了人類的存在。

投資人往往都是在攀爬危險的高山，和自己賭博。現在年輕的投資人，有時候真正缺乏想像力。投資人就好比立身在花團錦簇的大道之上，眼前所見一片撩亂，無法分辨清楚。

表現慾較強的投資人比較缺乏想像力，也比較沒有器量。真正優秀的投資人，應該是保持沈默的個人主義者。

與其望著他人遍嚐美味而豔羨，倒不如自己也投身其中。但是，要清楚地知道自己在做什麼。

若是連自己所買的是什麼都弄不清楚，又怎麼能要求什麼呢？

所謂的「千呼萬喚始出來」，在當季即將結束時才首次出現的蔬菜，和當年首次收穫的果實是一樣珍貴。

在股市中若要致勝，就要在最後關頭獲勝才實在。

賢者餓飯、愛美者受寒

像伯夷、叔齊都是不和俗人妥協的賢人，寧可守住自身的貧窮也不妥協。「餓飯」，就是空著肚子，餓得沒精神的意思。

伯夷和叔齊都是殷的處士，是一對兄弟，他們是孤竹之子。周武王在決定起義伐商紂王時，伯夷和叔齊曾經前往諫說，希望武王不要以家臣的身份弒君。但周武王並不理會他們，於是，他們便隱居首陽山中。

周武王伐紂成功之後，因為首陽山也是周的領地，他們為了不食周之粟，而活活餓死。

伯夷和叔齊是甘於貧乏的生活。

另一方面，愛美好打扮的人，為了讓自己好看一點，而不惜受寒，正是所謂的

「愛美不畏寒冷」。

世間上有各種不同的人，眾生相各自不同，因而有「賢者餓飯，愛美者受寒」這樣一句話。和它相類似的，還有「慮者餓飯、愛美者受寒」以及「軍者餓飯、儒者受寒」。

在平和的社會裡，軍人、學者、商販等都失去其效用。儒者也是如此。庶民和他無緣，即使他有高超的理論、有能力傳授他人，卻只能對他自己有用。

實際上，在現實生活裡，有一些根本就是胡說八道的評論家卻能帶動風潮，連比較不怎麼出色的營業經理們都會緊挨著他們。而真正有學問的學者，卻寂寞得沒有人來理他。

這世上「醫者不養生」、「學者不修身」，自己對自己的事多半比較不注意。有些人對自己不注意也就罷了，他把心思全放在別人身上，進而掌握人性，囂張橫行，在世上成群結黨地作亂

「抱朴子」有句名言，意思是說，肥仙人、富道士。這是指在神仙之說充斥於道德、政治上的一種現象。

在股市中，賢者的理論是不受投資人歡迎的。請他們來做評論家，大概會使那些業餘的投資人全打起呵欠！賢者之無用，正是因為愛美者皆不畏寒冷之故。

投資者的重心，就是放在獲利、賺錢之上。為了達到這目的，就像愛打扮的人為了美觀，可以放棄一些必要的東西，如厚衣等。

但是，人人都想賺錢，誰又該是愚者呢？

謀士過多亂大事

七嘴八舌的人一多，就無法判定方向。結果人們找不到目的地而迷失了方向。

就像古書中一再提及的「謀士過多亂大事」，因為七嘴八舌各自聒噪時，無法得到真正的好意見。

狂歌集「千紫萬紅」中如此說：

「山王祭中船屋台列，船頭過多，舟子不知山王之祭往何處行今日之祭。」

這道理用在股市中也有其相通的道理。

這句話用在一般情形下，和用在證券市場中略有不同。在股市中，多半是因買方過多，或者是相對的，因賣氣太盛而用上它。

這是因為在股市中，想要轉變方向並不是那麼容易。

如果不斷地喋喋不休，不可能在股市中有很大的成功。

「喋喋不休的男子仍不成熟」，這是自古就傳下來的格言。愛說話，表示其人格仍不夠成熟。

有時到了某個階段，可以再買入更多股。這時，就該誰也不說，默默地買進。秘密行事，可以減少許多不必要的痲煩。

有些女性投資人就是敗在這上面。不管怎麼樣，在股市中奮鬥，是不能期待別人對自己有什麼幫助，只能靠自己單打獨鬥。

有些錯誤的方向指示，只會使自己的船走錯方向，不是觸礁就是迷失了。這時候只能靜靜地如沈穩的男子般，一步一步小心地走。

一旦碰上了機會，立刻發動引擎追上去，趕上那氣勢。如果等到大家都發覺了再買，就來不及了。

總之，不管如何，自己心中總要存有主見，才能掌握住正確的方向。

賣時要快、買時要慢

「磨墨時要如病婦般，下筆時則應如壯夫般。」自古以來，就要求在磨墨時要像臥病在床的女性般輕緩、慢慢的磨。但是，在下筆時，則要如血氣壯盛的年輕人一般。

「以餓鬼磨墨，要鬼來持筆」也是相同的意思。

但是，在股市中有所謂「天價三日，谷底百日」的說法。其意思就是買的機會多，賣的機會少。

這和本文開始時所引用的格言，在意義上相通。

買的時候就如同病婦般，慢慢的來。但是，到了賣的時候，就要一鼓作氣，如同年輕人走筆之氣勢般，急急的抓住機會不讓它逃走。

實際上，在買進的時候，多半在它下跌之時。這事是急不得的，必須用十二分的時間，沈吟再三再做選擇。

一步一步的確定之後，不慌不忙，避免碰上俗語所說的「吃太快會打破碗」，完成所有該有的調查工作之後，再丟入買進的單子。

另一方面，要賣的時候則要狡如脫兔。

賣出脫手時，最忌諱的就是貪心不足。

「還沒讓他漲夠。」

「多少再多賺一點，可以補貼先前賠的。」

像這樣的理由，都會反而誤了自己。

其結果是錯失了好時機，反而賠上一筆。與其寄望於明天的一百元，倒不如珍惜今日手上的十元。像這樣的考慮，是股市中所必要不可或缺的。

股市的變化，和十七、八歲的小女生其實很接近。才看她在哭呢，下一刻很可能就破涕為笑了。這樣的變化無常，往往使對方不知所措。

就像在對待十七、八歲的小女生一樣，最好能弄清楚她的脾氣，但在必要時仍要給她一點教訓。掌握住這些東西，傷害性就不會太大。

最重要的還是要當機立斷。為了賺錢獲利，必要的割捨不可忽視。要買進的時候，不妨精挑細選、慢慢的來；要賣出時就如壯士斷腕般，才有甜頭可嚐。

勉強得來的金錢留不住

人類的命運如何，多半是早已註定好了。命運的開拓，則是一步、二步，逐漸向上，慢慢的達到效果。

在股市中求生存，就如同男子漢的奮鬥般，不是單純只要有向上心就夠了，還要有十二分的基本知識。這二者都是必要的，缺一不可。

如果沒有知識，純粹是因為慾望、野心而出發，其成就一定不會相當大。而且這樣一來，不但可能什麼也賺不到，還可能賠上自己所有的財產。

這世上有各式各樣的職業讓人選擇。選擇某種職業之後，就應該努力使自己的專業知識十倍、二十倍於其他的人。這就是職業上的向上心，也是督促我們前進的動力。

但是，股市和這道理卻有一點不同的地方。在現在的股市中，似乎專業並不是那麼的重要。它好像只在本業之外，另外從事的副業，用來賺些外快。

其實，股市也可以用做來養活一家大小的方法。我們一旦投身於其中，就會被它的魅力所吸引，而不可自拔。

但是，陷阱也隱隱躲在其後，等待有人落入其中。

在這個世界裡，為了金錢，即使是相識的人也往往不互相招呼。就算是路上碰見了，也裝做互不相識的現實世界。

如果拿它來做本業，至少在精神上可以得到一些休憩的機會。當然，還要摒除一切的雜念之後，才有可能得到休息的機會。

在休息中，才有機會再做考慮、調整腳步。等到調整好自己的波長後，對情勢的看法就能更加的清楚。

如果真的以買賣股票維生，基本的生活費一定賺得到。但是，拼命追求更好的生活，人同此心、心同此理。再怎麼樣都要追求利潤。

用資金的十分之一來投資，用多餘的資金做投資，勝則勝矣，敗了，也不會危及生活。

七拼八湊而來的資金，無法做為勝負的資本。勉強而來的金錢是留不住的。

不可過份堅持己見

有很多脾氣頑固不通的人，真正碰到大的場面時，反而會變得軟弱無能。在證券交易的世界中，太固執的人顯得有一點的不正常。

大家都知道，所謂頑冥不靈、固執不通的人，就是指那些再怎麼樣都不肯有所變通的人。

敵人在看清楚這樣的情勢之後，勝負之分一下子就會明顯出現了。

不顧大勢，只堅持自己主張立場的人，註定要承擔起戰敗的後果。真正聰明的人，雖然保持著個人主義，但是，卻不去拂逆大情勢的變化。這樣一來，在任何狀況下都能夠保持住自己不敗的立場。

換言之，真正聰明的人，是絕對不會讓自己變得很顯眼，也不十分固執。在任何時候、任何情況下都能保持自然、擺出低姿勢，不大聲說話強出頭，永遠都保持著如平靜無波的水面般平和的表情。

要測知一個人的個性，最好的辦法就是請他喝酒。一旦三杯酒下肚，一個人的真性情就會表露無遺。

不做任何掩飾、美化的真性情，是非常容易理解的。勝負相當有利害關係。因為這樣，所以個性的清楚呈現就非常重要。

有時候，有些人的真性情一旦顯露出來，會使人瞠目結舌。

任何人都會有自己的個性、意志。

「一寸之蟲也有五分魂」，弱者也有其意志，不可以輕侮他。就像我們前面所說過的「蛞蝓也會有角」、「瘦腕亦有骨」。當然，這些潛在的強韌個性是不可忽視的，但是，它們卻是不適用於股市中。

有些資金十分雄厚的人，在股市中反而遭到大的打擊。為什麼會變成這樣呢？由於投資者的想法各自不同，他們處理事情的方式也各自不同。在這個時候，若是過份堅持自己所喜好的東西，可能就會面臨相當危險的狀態。

股票往往是漲中有跌、跌中有漲，如果，從頭到尾都用一套一成不變的辦法來對應股市，那絕對不可能有什麼成就。

聰明的人，就懂得如何順應潮流，在股市中求得生存的餘地。

突然下跌是不可預期的

這裡的「突然下跌」，指的是在連續上漲的行市中，突然的就下跌。

雖然說，我們應該在下跌的行情中買進，但股市的局勢也同樣不可忽視。在股價不斷的攀升時，心裡頭所惦記的，是希望能夠出現什麼利空消息，好使股價能停止上漲，甚至跌下來好讓自己買進。但那往往不太可能。

因為如此，所以有許多後悔過的人，就一窩蜂的跟著搶進。由於大家都搶著掛進，買氣十分的旺盛，股價就會持續的維持漲勢。

仍然有些人認定它一定會下跌，所以，自己就決定要等待它在連續上漲中，突然的下跌。

但是，這樣一來就等於無視於股市的走勢了。

所以，我們不妨下個這樣的結論：「突然下跌是不可預期的」。如果不願意在高價時買進，那還是死了這條心吧！

想清楚了這道理之後，就不會拘泥於非要它下跌才買的心情。但是，有許多人仍然想不通。

一般人都非常容易被當初自己所想的股價所限，在預期下跌的心理之下，即使股價真的稍有下跌，他也會想著：「沒錯，現在是稍稍下跌，但還是不如我當初想買的價錢。」

就這樣，很多可以買的機會就被錯過了。

其實，股市哲學的最高發揮訣竅，是「確實跌了一元後買進，就是賺了。」真的有賺頭的時候，就要掌握住、掌握好，不要太在小節上計較，那可能最後什麼也得不到了。

特別是考慮到現在的手續費、證交稅等等名目，就算是一元、二元的賺，都是穩健的操作。

「再多降一點點再買，精神上的意義就不同了。」

我們常聽到類似這樣的說詞。其實，在股市中應該要注意的，是整個的情勢走向，證券交易並不是為了一、二個人而存在。所以，無視於大局勢的人，根本就不可能生存於股市中。

在連續上漲的行市之中，突然下跌不是沒有。但那必須在十分充分的條件下，才會有這樣的變異。如果條件不夠充分，就不可能發生。

在一般的狀況下，還是放棄那種期待突然下跌的痲痺心理吧！

在走下坡時有好消息就該賣

一旦股市在走下坡中，出現了利多的消息，絕對要馬上賣掉。

我們前面說過，股市的趨勢相當重要。有時，股市緩慢的、沒有任何起勢的走著下坡路。

在這時，就算是有利多的消息出現，由於股市本身缺乏推動的力量，再好的消息也是徒然。

在這種情況下，小小的回升雖然只有「小小」的回升，但在它絕無可能有大起色的狀況下，是個很好的脫手機會。

特別是在賣場中失利的股票，賣呀賣的，就逐次地踏上了成功之道。而這也正是獲取重大勝利的踏腳石。

『世帶氣質』中有云：「走下坡時更要堅強」，在走下坡時若賣出則上漲，買進則會下跌，這是一般正常的情況。機關投資家們、證券公司、營業員、個人投資者卻仍然不能體會其中奧妙。

所謂的「在下坡路行車」，再怎麼努力都無法扭轉大勢。

若是車子在爬坡時，人再怎麼的用盡力氣、精疲力盡，也只能著急地看著牛步化的車子，甚至它可能連動也不動。人和「情勢」之間的關係也正是如此。

在古代被放逐到國外去，就叫做「越坡」。也就是說，在當時「坡」的存在是相當大的事。

「忠君愛國的將軍之子孫們，必得竭盡全力助其成功，就算犧牲了性命也在所不惜。若失敗，則越坡道改裝入寺中等候時機」。

在對兵法有極深研究的兵法家的筆下，「越過坡道」變成是人在和命運相搏之後，可能延續生機、等待下一波機會的象徵。

在爬坡時，聰明的人就不要坐車。這樣一來，才能保全自己不受傷害。要等候時機。當時機來臨時，在寺前合掌向佛道別而去。

究竟是在走下坡、或是在爬坡，有時連股市自己都無法分辨。所以，一有利多消息，就立刻脫手。

爬坡的壞消息出現就買進

當行情持續上升時，利空消息的出現會被吸收掉，而且行情仍然持續的上升。但是，一旦利空的壞消息影響行情，使持續上升的行情，突然有下跌時，就趕快買進。

當股市上升的走勢極堅強時，利空的消息都影響不了它。不過，那是指不會下跌，但在其體質上，或多或少會有所改變。

在這時候，不等到下跌，就買進比較好。股市中沒有絕對不變的走勢，不可以忽視其走勢，卻也不必完全為之所限。其實，人生的道理和股市一樣，在上升的氣運中，只會出現好的消息，壞消息是不會登場的。

相反的，在一路下跌的行市中，所能聽到的，就只有壞消息而已。

好的消息，就像是藥一般，但是它仍然沒有絕對的效力。股市中所需要的，是樂觀的人。

俗語說：「仰望不可攀登之木。」記得一些教訓，如「上坡時出名，下坡時乞食。」

就像在出發時帶滿金錢的都市少爺，一路威風而過，十分得意出名。等到錢財散盡返鄉時，卻一文不名一樣。

當股市一路上揚時，真是意氣風發、好不威風。

但是，就如同先前所說的，也會有不好的消息出現。當然，我們可以把它解釋為絕好的買進時機，也會有許多人閉著眼睛地買進。

許多人都有過養蠶的經驗，在蠶寶寶發育十分完全時，牠的身體會變得透明。在牠吐絲之前，牠需要大量的桑葉，所以，牠似乎無時無刻不在吃。

爬坡中的股市有著獨特的趨勢。但請不要忘記「上坡的另一端就是下坡」，爬坡固然重要，注意到下坡路也同樣不可忽視。

人一生的運道也都是這樣：盛極則衰、衰極則盛。到達極點時，就要有可能失敗的心理準備。

股市真是個表現真實人生的地方！

不要隨便聽信所謂評論家的話，沒有實戰的經驗，光憑口說沒有任何意義。

第十章

已然即未然、未然即已然

造勢由自己開始

「股市和異性都是一追即逃」。這是自古流傳下來的格言。的確，股市也和戀愛的對象酷似，都會有見異思遷、沈不住氣的時候。

這一方在初接近時，往往都會先碰一些釘子。然後，持續的努力，在百忙之中也仍不忘記用電話問候。有時候，任性的男子們儘管在這一刻裡深情款款，十分想見那女子。到了下一刻，卻又完全冷淡下來，像個石頭般無動於衷，十分的薄情。

股市的變動和這個是完全一樣的道理。投資人往往被它的忽冷忽熱弄得暈頭轉向、不知所措。

感覺上，這世上能悠悠閒閒的、氣定神閒地面對這些變化，似乎沒有幾人。

但是，天下沒有高到爬不上去的樹，股市上下波動都有所限，不會漫無標準、隨心所欲的跳動。觀察日久，自然可以描繪出其上下限。

有時，人類會有耍花槍的時候，人情薄如紙，還是小心為上。

所謂的「一笑傾城」，沈醉在醇酒美人中的男子，一旦失敗了之後，由於現在是以金錢為賭注，已經無法再以「逃走」為解決方法，有許多人在走投無路之餘，親手解決自己生命，精神失常者亦有之。

在這裡為賢明的讀者進一言：

「花花轎子人抬人，造勢由自己開始。」

一旦氣勢一路攀升、沸騰起來時，再逆向而行。

在股市剛開始時，如果能攀上當然再好不過了。把複雜的問題放在第二、第三順位，先搭上再說。

譬如說，碰到自己喜歡的女性，先不要考慮到她是不是那種未經世事的女孩。

但是，當股市行情二度、三度攀升時，那就是個危險的訊號了。

主要的重點，還是在於「造勢由自己開始」，人氣的最開始，還是由一個一個的付出而來。

運氣不好時就停手

既然是在賭博，運氣不好就該先停手。

在股市中，常常會有運氣不順的時候，這是無可奈何的。

所謂「運氣」，其實很難明白而具體地說出它是什麼東西。但是，在「好運」來臨時，人往往可以從中獲得不少的好處；碰到的都是好事。

運氣和人是不可分割的。譬如說，偶然間買了一張彩券，當運氣好時，那張彩券就中獎了。

「運氣」並不屬於人性中的一部份，它也並不是理所當然的事。但是，由於人類的慾望相當的深，有時在好運偶爾出現時，會一廂情願的以為它是必然的。

等它一旦離去之後，就十分努力地想把它追回來。

在證券交易中，如果發現自己的運氣似乎不是很好時，不妨慎重行事，以防止大的傷害出現。

這個時候，賢明的投資家不妨將持股換成金錢。

自己有時候，並不能夠明白該如何下判斷，但是，仍然不得不做。

這個判斷，並不是完全靠「直覺」，就可以做出來的。還是努力的分析情勢再說。

有時候，人們會有「奇怪了，怎麼做都不對……」的感覺。就人類的心理狀況而言，一旦出現這樣的情形，可以把它視做是一種預感，為了避免大的損失，還是在這個時候先行撤退比較好。

能夠早一刻脫離，總是比受害的好。俗語所說：「惡女情深。」引申為「不受歡迎的好意」。早一刻脫離，總是好事一樁。

惡女的「惡」字，上半部的「亞」本來意思，就是「醜」。所以在「說文解字」中把它畫成扭曲狀，「惡車」是指死喪用車，也就是現在的「靈車」。

運氣不好的時候，就像是碰上惡女情深一樣，使人急欲擺脫。冷靜一點，仔細地觀察周遭的情勢如何。如果運氣真是不佳，那麼，還是先停手一段時間吧！

股票的魅力就如女性

在『柳多留』中，對女性頭髮的描寫是：

「象牙繫於如緞的長髮之上。」

女性對男性的吸引力非常的強。一位女性的頭髮，可能繫住了千百位男性的心也說不定。

這樣的女性有著極美、惹人憐愛的魅力存在。即使相貌較醜的女性，若能發揮其魅力，依然可以過得十分愜意。主要的原因，是男性們都需要家庭的緣故，所以，女性們才如此受歡迎。

同樣的，在證券市場中受歡迎的股，正是容易與之投合的股。非常受歡迎的股票，更應該仔細觀察。當人氣十分旺盛的市場，開始分散的時候，就進入了危險的情勢之中，要小心一點。

非常受歡迎的股票，一定有其受歡迎的原因。特別是當它出現在暢銷的書報雜誌中時。

但是，這樣的股，不一定非去追逐它不可。用盡心機去追逐它，到頭來可能一場空也說不定。就像那些受男性歡迎的女性，比起一般美女來一定更要溫柔、惹人愛憐。同樣的，過度用心追她，也不一定追得到。

自古以來，聒噪的人對異性的吸引力多半較弱，因為任誰在心底其實都是膽怯的。尤其是男性。

在電影或是小說裡，常常有一些十分有吸引力的男性登場。但是，那和現實生活的距離相當的大。

通常，在面對一位美女時，男性多半會在心裡想：「她一定有男朋友了」，而不敢接近她，只是站得遠遠的欣賞而已。

感覺上，那伸手可及的美女，似乎是不真實的物體，「可遠觀而不可褻玩」。這就是美女的悲哀，沒有人敢伸手觸摸她、接近她，即使她非常的寂寞。

股票，就和美女一樣，一旦喜歡她，就要把握住機會，握緊她的手才是上策。得到美女和得到想要的股票，會有什麼樣的後果呢？

啊！在心滿意足之時，別忘了「玫瑰有刺」，還是多花一些心思去注意它！

追高殺跌

俗語說「便宜無好貨」。在價格上它的確是比較低，但在品質上卻是比較差，買了來以後一樣是損失。

「便宜即是貴」，當心因小失大。

另外有句「貪小便宜掉了鼻子」，這是指貪便宜和較廉價的女子春風一度後，得了性病而掉了鼻子。

同樣在各家典籍中，也有不少和它意思相近的格言，如「偷雞不著蝕把米」、「賠了夫人又折兵」等，都是在點明貪小便宜後，因小失大的困窘。

東西便宜，一定有它之所以便宜的原因。

一看到「便宜」，就立刻擁上去搶購，不是聰明人的行徑。尤其是在股市中，更應該先稍稍地等候一下，看看除了表面呈現出來的獲利回收假象之外，究竟還有什麼不好的消息，隱藏而未見。

譬如說，那家公司是不是借了高利貸啦，或是他們的產品是不是有了重大的瑕疵啦等等。

甚至於他們是不是在這一季裡平安過了關，但在下一季裡卻有著不可避免的大幅減益。類似這樣的負面消息，要先打聽一下再說。

現在我們所看到的公司獲利資料，是基於從前的業績所結算出來的前期盈利，沒有人可以保證它在這一期裡還是一樣的。

這就是股市令人為難之處。但反過來想，這不也正是它有趣之處嗎？

單純地看到價格便宜就決定買進是很危險。

當然，當股市的走勢正向上揚升波動時，即使在高價上買進了，還是划算。在股市中，「人氣」有著相當大的作用。

這「人氣」，指的是人的意志、趨勢。「氣」這個字本身就代表著一種作用，所以，在「人氣」頂盛，很受歡迎的明星上台表演時，入場券就會貴一點，因為大家都往那一邊流動了。

所以，看到正在上騰的股票，不妨就將它買進吧！

最美的花藏在深山之中

在投資家眼中，群眾心理極重，附和雷同的性格也相當明顯易見。

原來，人都有跟隨的心理，喜歡走在別人的背後。順應情勢，要冒的險和危險性就小得多了。

「不求有功、但求無過」，「多一事不如少一事」是大多數人所抱持的處世方法。

但是，在人生的旅途上，若是誰都不願意有所做為時，那個一直在默默努力的人就獲勝了。

「中庸」應該不是哲學，而是達到目的的方法論。

比起怯弱與粗暴，堅守位置需要更多的勇氣，也更能發揮其價值。

當我們和別人做相同的事時，頂多只能得到相同的效果而已。

「賞花時應慎重至離披處」，這是『邵雍・安樂窩中吟』的名句，「離披」指花瓣的一片一片、零散掉落。這指人要能欣賞情勢之變而產生的後果。

「邵雍」，就是指北宋的邵康節。他是河北人，提倡宋學、主張理氣心性的理之明。這樣的句子，應該是在實行仁義道德的儒家學說影響下所創出的。

在股市中，與其坐待事情有所轉變，不如迎向事實。

『三猿金泉秘錄』的「三猿」，就是指「非禮勿視、非禮勿聽、非禮勿言」那三隻猿猴。

在書中說：「眼中見得強勢之變，在心中先將之過濾一回，讓心中含賣之意。耳中聽得弱勢之變，在心中先沈澱過濾，再在心中合買之意。說則迷惑人心，這就是三猿的秘密。金泉錄，則用以號本書。」

股市本就是個需要個別的人所組成的世界。但在股市中縱橫，就需要耐得住孤獨。

唯有能耐得住孤獨、抱持住個人孤立主義的人，才能在勝負決戰中佔得上風。勝利的花冠，一定是屬於那些經常努力不輟的人。加上才能的發揮，才可能探得深山中之美。其實，只要想一想，人類生時是獨自的來，死時也是獨自的去。孤獨，本就是必然的啊！

孤獨，是王者之道，也是君子之道的初步。

一時之明不可靠

所謂的「餘桃」，是指食過之後，剩餘之桃。

當人沈醉其中，恍恍惚惚的狀態下，不管見到的是美或醜，一概分不清楚。這就是我們常說的「情人眼裡出西施」。在恍惚的狀況下，對任何再不相同的事，也都是一視同仁。

相反的，在「餘桃」情形下，由於討厭的心理作祟，「酒窩也會看成痘子」。

任性隨意的人，其情緒是時時刻刻都在改變的。要想抓住他情緒的變動，相當不容易。

這樣的人，往往使人在與他們相處時，不知該用什麼樣的態度，才適合於他現在的情緒。這種情況，大概只有在宮裡當過差的人才能掌握。

其實，像這樣的人的確存在我們的日常生活中。

『韓非子』的說難篇中如是說：

有一美少年，皇帝非常地中意他。

有一天，美少年到果樹園玩耍，摘下一個桃子來吃，那桃子非常甘美可口，美少年就將他吃剩的另一半桃子獻給皇帝吃，告訴他：「這桃子非常的甜呢！」

皇帝非常感動說：「他在吃到好東西時，還會想到我，真是令人感動啊！」

隨著歲月的流逝，美少年的容貌不復當年俊美，他也就失寵了。這時，皇帝突然想起了往事，他生氣的說：「真是個不懂禮貌的傢伙！居然會把他吃過的桃子，再拿來貢獻給我，真是可惡！」

真是令人難以忍受的話。但是，同樣的話也常在投資者的口中說著。

昨天對某種股票十分有好感，認為它是考慮得夠周全的好股；到了今天，卻覺得那限制太多，小家子氣。

昨天認為那種股票有將來性，下一期的業績一定會提升上來。到了今天又全部將它否定掉了。

事實上，投資是不能只靠一時之明，或是只憑感覺。世事一直在變化之中，要考慮清楚其業績的穩定性如何才能下決定。

投資證券買賣，並不完全像在賭博。所以，選擇同伴時，理由應該重於情感。

二鳥在林，不如一鳥在手

人類的慾望，是永遠沒有停止擴張的一日。

自古以來，我們就聽過所謂的「人心不足蛇吞象」。滿足了一時的願望，很快的，更大的慾望又到來了。人的慾望永遠沒有邊際。這個世界，其實就是個「人慾橫流」的社會。

不管是任何一種的賭博，只要踏出一步，慾望就會一步一步擴大、一步一步變深。

即使一般的人，也同樣會有貪得無厭的心理。

在不知勝負的狀況下，一旦初嚐到勝利的成果，將勝利握在手中時，就會想要再一次、再一次獲勝。自己以為自己是永遠可以站在勝利的一邊，為所欲為。

這在賽馬、柏青哥、彩券等等賭博的場合中尤其明顯。

但是，投資不是在賭博，不是投機。投資單純的只是投資。

那麼，該如何去選擇才好呢？在這裡傳授給讀者一個可以擊中目標的方法：

首先，要有一定額度的投資。

譬如說，用二百元買下A股。

通常，各種證券專門刊物，以及評論家們，都會對證券的走向有一些分析。大概的漲跌幅度，各是在什麼地方上下。

現在問題的中心，在於自己用二百元所買進的股，究竟要在什麼樣的價位中出售，才比較划算呢？

有人以為，若是在三百元時賣出，就是賺了一百元；若以三百五十元出售，就是賺到一百五十元。

不是這樣啊！在計算時，應該加上往覆的手續費、證交稅，以及一些其他的費用、稅捐等，才是正確的算法。這些數字都挺繁複，不是一時之間可以算清楚。

最主要的，是要掌握住一個「八分飽即可」的原則，不要太貪求就好了。至於其他，則由您自己的器量來做判斷。

其實，真正的勝利是看最後的結果。不要讓自己的慾望過度擴張，掌握住各種小利，累積起來就相當可觀。與其將目標放在明日的大賺上，不如掌握住今日所能帶來的小利潤。

俗語所謂「二鳥在林，不如一鳥在手」就是這道理。

太簡單的買賣沒有吸引力

有句玩笑話這麼說：「不會嫉妒的女子太乏味了。」這是種極複雜的情況，不是很容易說明白。

不會吃醋、嫉妒的女孩子，在交往的男孩子眼中看來，她們一點也不有趣、逗人。一定是因為她對自己沒有什麼特殊的感受，才會一點吃醋的反應也沒有。

「嫉妒心全無的美人，亦無引人之處。」有人說：「嫉妒是女人的七項道具法寶之一」，深知個中滋味的人，可以拿它做為操縱男子的絕好精銳武器。

但是，最近在年輕人之間，又流傳著相反的話。男女之間的相處還真是難事！一下子說「嫉妒是女人的嗜好」，一下子又說「不吃醋的人不追」……

這之間的難處，正和證券投資是一樣的。

不過，談戀愛時因為可以直接向對方表示愛意，就和只能在心裡期盼著的股市不同。也因為這樣，使戀愛的魅力略遜了一籌。

股市中，大家的話題一直都圍繞著「會漲多少？」「跌多少？」「該買？」「該賣？」上打轉。信用交易中，人的神經也就越來越細、越來越容易被牽動。

在我們生活的周遭，四處充斥了關於股市的資訊。不管是專門報導、雜誌、專書，似乎永無休止之日。

在同業界刊物之中，我們也看著真的、假的記事、評論全夾在一起。什麼也不肯放過。

就在我們以為，股價不會上漲的時候，它卻在一開盤時即不斷沖上去。有時，不知從那裡冒出一大堆不斷掛出的股，就容易使人疑心生暗鬼。

然而，人是無法和潮流相抗衡的。

人與潮流相對抗，就如同「螳臂當車」一樣，只是徒費力氣。但是，若是能將難題一一地解開，就能得到相當大的利潤。

由艱苦之中得到的果實最甘美！

不要告訴別人自己的想法

有一些人專門喜歡在股市中，四處談論他從評論家那兒聽來的，或是一些其他的消息。不管對象是誰，只是一股勁兒地喋喋不休。

從來，我們就比較喜歡寡言沈默的男子。男人看男人如此，看女人也是如此。男人多半喜歡會聽別人說話的女子，而不是張口就不知道叫停的女人。

自己的想法，存在自己心中即可。

將股市的變化了然於胸，不對他人言及自己的決定，不管是買或賣都在沈默中進行，這是投資家應有的節操。

所謂「默識」，就是在沈默中認識、學習，不說出口，全存在自己心中。

默而識之、學而不厭、誨人不倦是孔子生平的三大理想，孔子還是謙遜的認為自己仍然在學習中。

這是出自於『論語・學而篇』的記載。

在『說苑』中，也有像「沈默而不過言」這樣的教訓。因為在他們當時的觀念之中，只有沈默才能把事情做好。說多了話，事情就不可能辦得好，所以說「沈默是金」。

自來人們就認為，謹慎正直不多言的人，行事才有其分寸，不會過猶不及。以證券交易而言，由於自己先透露出買意，然後再一群人七嘴八舌的討論，最後，被別人說服了不要買進那麼多股比較好。

等到一旦股價飛漲，再來後悔為什麼要聽別人的話，為什麼不照預定計劃進行都來不及了。

「無言者更能細工」，不說話，只用眼睛看的人，自然精神就較能集中，也格外的靈巧。

有的人酒喝多了，就一個人自言自語起來。會認為這樣是不正常的人也不少。其實，在股市中縱橫的最好辦法，莫過於沈默地聽、冷靜地判斷即可。有許多自稱是評論家的人，往往是不負責任、隨口說說的人。

投資者所需要的，不是排場好看的股市觀，而是正確的股市觀。

已然即未然，未然即已然

在『八木虎之卷』中說：「已然即未然，未然即已然。以心而論，已在谷底等候上揚時，而心中仍未有即刻出現的準備。想著尚未跌到谷底時，心中其實已然有所考慮。」

有許多股市中人對這句話，至今仍奉行不移。想著已經到底了的時候，其實尚未到低價。另外，認為已漲到天價時，有很多時候上升之勢卻全然不知所終。

股市的變化就像是個漩渦般，人智是無任何能力改變的，只能警惕著危險。認為還早而沒買進，行情卻一直上升；就在以為它還會再漲時，它卻悄悄下跌了。

股市就是這樣一個地方，你追、他逃。這「你追他逃」，正可以適切地描寫出投資家的心理。

「已然即是未然，未然即是已然。早數日進行，會破壞整個時間的計劃安排；暫停下來則會使一切過遲。」

重要的是，他能忖度投資人的心理，提出適切而正確的建議。

勉強地湊到資金，然後用它來投資是相當不對的。勉強得來的資金，首先就在心理上增加了一些負擔，同時也會影響到對事情的正確判斷。所以，只能用手上餘裕的資金來投資。

另外，「等待」是對人類脆弱心靈的最大衝擊。慌張失措，就是股市中失敗的最大因素。每個月裡，總有一、二日是甘露日，雖然不多，但耐心等待則一定有。所謂的「甘露日」，就是做任何事都會十分順利的大吉之日。這是由星座的運行而來，將人類的行事和星宿相結合。

天上分為北為玄武、南為朱雀、東為蒼龍、西為白虎一共四宮。這份曆法，就是人格的理想謳歌。股市中的道理也是相同。

有許多人隨波逐流的習慣十分根深蒂固。他們在股價不動時，將其視為理所當然，不耐等待卻又無法前進。在戰陣之中，應該是奮力前進才是啊！

「已然即是未然、未然即是已然。」

附錄：股票術語解釋

・上市

股份有限公司申請股票上市，必須先經過辦理公開發行的手續，再提一定成數的股票（一般約一至三成），委託證券商辦理承銷，以分散股權，等到股權分散符合規定時，再申請上市。

・一張

指一千股的股票買賣成交單位。

・市價

股票的市價是經由交易決定的價錢，隨時都在變動。決定股票市場的因素不一而足，包括發行公司獲利能力、市場資金的供需關係，甚至做手的人為炒做等，都足以影響股票的市價。

・面額

指股票票面上所印製之金額，證管會於六十八年通令規定股票面值限期統一改為十元，這就是一般通稱的現行股票面額。

• **面值**

指股票上所印刷的每股帳面值，每股金額。

• **淨值**

股票淨值是指公司股票的真正價值。淨值的計算，通常是公司的資本額，加上法定公積、資本公積及累積盈餘或減除虧損後，所得到的數額，就是淨值總額。再以淨值總額除以發行股份總數，即可得到每股的淨值。

• **短線**

買賣股票大約一週內，即軋平的操作方式，稱為短線操作。

• **中線**

一週以上至一個月之內，進出軋平的操作方式。也有說法是三個月之內。

• **長線**

買進股票後，一個月（也有說三個月）以上才賣出者。通常這種做法大概一年操作一、二趟而已。

- **開盤價**

就是開盤價格的簡稱，大盤揭示成交的第一筆數字，或每一種股票，每天開盤第一筆成交的價格。

- **收盤價**

收盤價格指在交易時間最後一筆成交的價格，它代表當天所有交易該股的交易人，所認定的基準價，成為下交易日的參考價。

- **成交價**

買進股票與賣出股票的價位相同時，經電腦撮合而成交時的價位。

- **成交值**

成交量乘上股價，等於成交值。

- **成交量**

某一檔股票或債券憑證，在交易日所成交的股數。

- **最高價**

行情表中所指當天成交各種不同價格中，最高的價格，最高價的成交筆數可能是一筆，也可能是一筆以上。

•最低價

指當天成交價格中最低的價格。

•反彈

股價下跌，出現調整供需關係的現象，亦稱為技術性反彈，此時產生暫時的回升，稱為反彈，大部分都屬於大跌小漲走勢。

•反轉

股價的變動並非永遠一致，有時也會轉至相反方向的變動，此現象稱為反轉，該點稱為反轉點。

•利多

促成股價上漲的有利條件。例如，公司盈餘大幅成長、降低存款準備率等空頭看淡股市遠景，先賣出股票等跌價後再行補進，藉以賺取價差者。

•利空

表示股價下跌的不利條件。例如，公司出現大幅虧損、政治不安定等。

•利多出盡

利多的消息在市場流傳，且醞釀已久，俟正式公布的時機，大勢或個別股不漲反跌，市場上稱為利多出盡，即消息從初露端倪到證實的期間，股價已經漲過頭，形成回跌的現象。

- **利空出盡**

促成股價不利影響的消息，已經全部宣布出來了。

- **融資**

散戶擴張信用的做法。即投資人手上錢不多又想多買些股票，此時可向證券公司申請融資，而達到融資買入的目的。投資人將股票抵押寄存證券公司，等到股票賣出之後，將借貸的錢與利息還給證券公司，稱為融資交易，期限為一年。

- **融券（墊股）**

手上沒有股票且同時看壞後市，先向證券金融公司借股票在證券市場賣出，稱為融券賣出。以後不管漲跌，將這些股票回補時稱為融券買入。持有期限為一年。

- **丙種**

合法的證券商，分為證券自營商及證券經紀商。經紀商稱為甲種經紀人，自營商稱為乙種經紀人。證券市場除了上述兩種證券商外，還有一種私下的墊股墊款營業，以賺取利息，市場稱為「丙種」經紀。

・買空

投資人手中沒有足夠的資金，但因判斷股價會上漲而先買進，等股價上漲後當天獲利了結。

・賣空

投資人手中沒有股票，因判斷股價會跌而先賣出，等跌了再行買進，賺取差價。

・買超

買進的數量或金額，超過賣出的數量或金額。

・賣超

賣出的數量或金額，超過買進的數量或金額。

・放空

看壞行情，先借股票來賣，一般以融券放空行之。

・跳空

股市受到強烈的消息影響，產生供需不平衡現象，此類在上升行情時，易造成當天開高後繼續上升；在下跌行情時，則易造成當天開低後繼續下降。股價跳空多半出現於行情將有大變動的開始或結束。

● **漲跌停板**

根據台灣證券交易所的規定，凡是股票升降幅度超過前一營業日收盤價格的七%，股價將停止升降，這個七%的限度，就稱為漲停板或跌停板。漲、跌停板的主要用意是限制股價過份的波動或投機，因而一旦股價升降幅度達到七%時，交易所就會主動顯示漲停板，或者顯示跌停板。

● **空頭**

研判股市行情或某公司股票遠景不佳，預期股價必然下跌，故不願持有股票，甚至借股票來賣，待低價回補以賺取差價。

● **多頭**

研判股市行情或某公司股票遠景佳，預期股價必然上漲，故在適當的低價先買進持有，待上漲後賣出獲利者。

● **空頭市場**

由於國外習慣以熊代表空頭，故又稱「熊市」，也稱「跌勢市場」。此時市況為跌多漲少，除了融券放空者外，投資人大多遭受損失。

● **多頭市場**

由於國外習慣以牛代表多頭，故又稱「牛市」。此時市況為漲多跌少，投資買進者大多能夠獲利

● **斷頭**

當投資人融資或墊款，因行情變動幅度過大，造成其保證金不足，又未能於限期內再補足保證金時，授信機構為確保自身債權，主動將客戶擔保股票出售或補貨的行為。

● **套牢**

買入股票後，該股價卻一直下跌，致手中持有股票高於目前價格，又沒有賣出的狀況稱為「套牢」。買進股票後股價下跌，不甘賠錢賣出稱為「多頭套牢」，融券賣空股票後股價上漲，不甘賠錢補回稱為「空頭套牢」。

● **解套**

買入股票套牢後，等股票回升至原來買進的價位時，稱為解套。

● **洗盤**

做手為達到其炒作的最終價位，在中途必須讓低價買進意志不堅的轎客下轎，

以減輕上檔的壓力，同時讓持股者的平均價位升高，便於再往上操作。

● **坐轎**

指先行得知消息，於低價先行買進，等大批散戶跟進追價而時機成熟時，坐享股價開動漲幅的情況。

● **抬轎**

指於股價上漲中，仍搶進追價，將股價墊高的動作。

● **拉抬**

當市場主力大量買足某支股票後，即向上拉升，用大成交量 突破整理區，誘使投資人跟進。

● **打壓**

指大量賣出，而且愈賣低價愈好，目的希望股價垮下來。

● **紅盤**

指元旦假期之後與農曆年休假後的第一個交易日的股價上漲，稱為「紅盤」。（下跌，稱為「黑盤」）。

- **翻空**

原為多頭，因看淡後市，轉而做空的投資人。

- **哄抬**

看好後市，先進行買進，再利用消息及炒做手法來抬高股價，以利出貨的人。

- **短多**

以做短線交易為主的多頭。

- **長多**

以做長線交易為主的多頭。

- **散多**

散戶的多頭。

- **均線**

由「移動平均線」，把一段期間的股價收盤價總和，除以該期間的日子數目所得出來的數值，再以連續相同的做法將連續的數值劃成一線，通常所謂的數值，可以是收盤價、股價最高點、股價最低點、平均股價（均價）、成交量等。

● 違約交割

在股票交易成交後第二個營業日，買進股票的投資人應要繳納股款 ，賣出股票的投資人應要交出票券，如果無法在限期日完成最終交割手續，稱為違約交割。違約交割情形在股價波動劇烈時較容易出現，當買進股票後，價格突然重挫，買方後悔不願交割；或是股價突然飆漲，賣方又抽手不願出售股票。

● 全額交割

就是現股、現款交割，有別於「普通交割」。證券交易所目前每日辦理交割是採取各證券商內部客戶買賣軋平後的「餘額」向交易所辦理交割，而全額交割是客戶在向證券商委託買賣，寫「委託書」的同時，即應繳足款、券，就是買進全額交割股票時要繳足買進價款；賣出時，必須先繳驗股票，不得做沖銷。如果沖銷後再委託時，另需重新辦理委託手續。被列為全額交割的股票，都是財務發生困難、重整或停工的公司，其用意在限制其股票的過度流通。

● 部份全額交割

每日委託買進達一百張，或多筆累積達三百張以上的投資人，需先收取五成以上的價金才能買進，而信用交易部份需收足自備款或保證金。部份全額交割的交易方式，對中大戶將造成買進的不方便，所以大多會響影行情下跌。

● **當日沖銷**

指投資人對同一種股票，當天同數額買進賣出，買賣數額當天相互抵銷以賺取差價者。

● **除息**

在股票停止過戶前買進股票的投資人，因為股東大會的名簿上登記，所以能領取各公司所發放的股息。除息交易，即按照前一日收盤扣除發放股息的金額。

● **除權**

即分配股票股利的交易。上市公司分配股票股利時都訂有一個「除權基準日」該日以前買進該股才可享受增資股分配。除權的配股又可分為有償配股和無償配股兩項。

● **填息**

指除息交易前一日該股的收盤價與除息價間留下一個除息價位缺口，如果除息後股價上升將該價位缺口填滿，稱為「填息」。

- **填權**

  指除權交易前一日該股的收盤價與除權價位間留下一個除權位缺口，如果除權後股價上升將該價缺口填滿，稱為「填權」。

- **上檔**

  指當時股價以上的價位。

- **下檔**

  指當時股價以下的價位。

- **掛進**

  指投資人填妥買進委託書，委託證券公司依買方價格買進。

- **掛出**

  指投資人填妥賣出委託書，委託證券公司依賣方價格賣出。

- **主力**

  指那些有辦法在股市中大額進出，對股價造成重大影響的人。

- **散戶**

  指在券商開戶買賣股票的個別自然人。

• **人頭戶**

指被他人利用名義在證券公司開戶，進行股票買賣交易者。

• **業內**

指從事證券經記商行業的人員。

• **進貨**

市場主力將要介入，而將股價大力拉抬之前先要吃足籌碼，加以鎖定便利拉抬稱為進貨。

• **出貨**

市場主力要賣出股票的動作。

• **破底**

指股價下跌到某一價位而遭受買方支撐時，如果賣方力量積聚勝過買方的力量，股價跌破此一支撐線。

• **探底**

股價下跌趨勢中，到某一價位時突然止跌回升，當日K線下影線較長，在K線上即稱為探底，又稱為「再次探底」。

• K線圖

又稱陰陽線，是將每天的開盤價與收盤價畫成直立的方塊，如果當天最高價大於收盤價或開盤價，就在方塊上方加畫一直線，稱為上影線；而當天的最低價如果小於開盤價或收盤價，就在方塊下方加畫一直線，稱為下影線。陽線方塊以白色或紅色表示，代表當天「收紅盤」，陰線方塊會以黑色表示，代表當天「收黑盤」。

• 空手

指靜觀後市者，既不作多，也不作空。

• 回檔

在多頭市場裡，經過短暫拉回的修正整理之後，稱為回檔，條件必須股價仍具有上漲能力，若一去不回頭就只能稱為下跌。

• 軋空

空頭是放出股票，然而因為股價下跌反漲，使得空頭不得不買回股票，而成為多頭，稱為軋空。

• 打底

股價不再下跌，從谷底回升上漲一段之後，因為低價買進者想獲利了結，及套牢者損失減少，因紛紛賣出持股，股價再度回落。此次股價回落到當初谷底附近再受強勁買盤的承接使股價又再度回升，此種第二次的股價回落谷底附近，稱為「打底」，又稱為「築底」。

- **慣壓**

市場有重大利空消息，造成一般投資人急於拋售手中持股，市場主力大戶為了想要趁機吃貨，便大量殺出持股來壓低行情，一般散戶心生恐慌也持續賣出，使得市場主力大戶趁機大量吃貨。

- **盤堅**

指股價緩和地盤旋而上。

- **盤軟**

指股價緩慢地盤旋而下。

- **支撐點**

股價經過若干時段的下跌，跌到一定的價位後，出現強勁的接手而盤穩，稱為支撐或抵抗點。

• **壓力帶**

當股價經過若干時段的攀升，滯留在一定的價位區，做小幅度的盤檔整理，換手雖然積極，卻久久難以突破的價位，稱為壓力帶或阻力帶。

• **本益比（PER）**

指「股價買進價格」除以「該股當期稅後純益」的比值。通常本益比的倍數是越低越好，本益比愈高表示股東要求的投資報酬率愈低。

• **多殺多**

短多認為當日股價會上漲而搶多頭帽子；若遇股價上漲不多而無法高價賣出，不得不在收盤前相繼殺出，以致收盤時股價大幅下跌。

• **乖離率**

指測量指數或股價與移動平均線，兩者距離的一種技術分析工具。當指數或股價連續上揚或下跌時，指數與平均線產生距離，叫做乖離，乖離率為「正」，表示股價在移動平均線之上，乖離率為「負」，表示股價在移動平均線之下。

• **純益率**

用本期純益除以本期銷貨淨額的比率，用來測出企業獲利能力的高低以及成本和費用控制績效的好壞。

- **殖利率**

是判別投資人收益的參考指標之一。所謂的殖利率是股利除以股價，所得出來的商數即為「殖利率」。

- **停損點**

買進（放空）股票後先設定一定的賠損額度，稱為停止損失點，當股票價格下跌至這個價位時，立刻賣出（回補）。

- **平均股價**

指個股某一段期間的收盤價總和平均。

- **市價委託**

即以停板價格的價買進或漲停板價格賣出委託。

- **漲回票面**

指股票市價回升至票面或票面值以上。

- **跌落面值**

指股票市價低於面值。

- **利多出盡**

利多消息在市場流傳已久，俟正式公布的時候，大勢或個別股不漲反跌，市場稱為利多出盡。

- **成長股**

指公司營業及獲利情況愈來愈好的股票。

- **轉機股**

指公司營業及獲利情況本來不佳，但情勢已經轉好的股票。

- **投機股**

指因人為炒做因素才上漲的股票。

- **資產股**

指擁有眾多的土地之上市、上櫃公司。

- **普通股 Commonshares**

指股份有限公司發行籌集股本的證明文件，是公司最基本的股份。

- **特別股（優先股）**

除了普通股之外，某些公司還發行特別股份（優先股份）來籌集資金。特別股股東通常沒有表決權，但卻能夠優先獲得股利分配，以及在公司破產或結業清算時獲得分配剩餘資產的二項權利。

- **含息股票**

尚未參加當年度除息，含有股息的股票。所謂股息一般指現金股利。

- **含權股票**

尚未參加當年度除權，含有股權的股票。所謂股權一般指股票股利。

- **有償配股**

股票發行公司辦理現金增資，經股東大會通過並呈經主管單位核准，此時公司股東按一定的比例，繳清認購股票的股款，始獲得配股的權利，稱為「有償配股」。

- **無償配股**

股票發行公司，利用盈餘的一部份轉增資發行股票，依比例配發給公司持股的股東，股東獲取新股無需另繳股款，稱為「無償配股」。此外，公司以資產重估或出售資產的增值部份，轉入資本公積，然後每年以若干比例配發給公司的持股者，也是「無償配股」。

- **量價同步**

最簡易的解釋是當價位上漲時，成交量也跟進遽增，成交量與上市價位步伐配合極為一致。

- **量價分歧**

有二種現象，第一是雖然價位上升，但成交量反而萎縮，即價漲量縮。另一種便是價位大跌，成交量放大，即價跌量漲。

- **加權指數**

發行量加權股價指數，為台灣證券交易所編製，是將每種選樣股票的每天收盤價格乘以上市股數，計算出選樣股票的市價額，然後合計為選樣股票的市價總額，除以基期的市價總額，再乘以一百予以指數化，以反映整體選樣股票價格走勢。證券交易所股票指數的基期是民國五十五年，即以五十五年股價平均每年平均一乘以上市股價，計算出基期市價總額。

- **融資餘額**

為當天證券融資累計的金額。

- **融券標借**

為融資融券交易股票的融資餘額超過融買餘額時，證券金融公司於次一營業日或再次一營業日，在臺灣證券交易所集中交易市場，以公開方式向該種股票所有人標借、洽借或標購等方式取得該項差額股票，以依交割或還券之用。

- **融券回補**

指空頭買回先前賣出的股票。

- **內線交易**

個人因職務之便取得公司內部的資訊，而在公司股票漲跌前先行買入股票或賣出股票，謀取不當利益，稱為內線交易。

- **信用交易**

即融資和融券兩種業務。信用交易必須透過授信機構——證券金融公司於次一營業日或再次一營業日，在臺灣證券交易所集中交易市場，以公開方式向該種股票所有人標借、洽借或標購等方式取得該項差額股票，以依交割或還券之用。

- **零股交易**

買賣未達一千股的交易單位，就稱為零股交易。交易時間為星期一至星期五每天下午二點至三點三十分間申報。以收盤價的九十九・五%為撮合成交價。

● **轉帳交易**

買賣雙方對某一股票，同意按照特定的價格、成交特定的數量，即可委託證券經紀商，透過交易市場不經過競價的程序，直接完成交易。此種事先約定好買賣只在股市補辦個手續的證券交易，稱為轉帳交易。

● **做價轉帳**

股市做手為了達到抬高行情或壓低行情之目的，利用二個以上帳戶相互轉帳，造成人為操作價格。

● **攻擊性股票**

指買進具有價位變動率較大的熱門股或投機股性質的股票，求取其較大的價差。

● **防衛性股票**

指有穩定的投資報酬或有固定股息股利收入的股票。當大勢不好時也能守住價位的績優股，也屬於這種股票。

● **摩根概念股**

係指摩根史坦利機構所選擇，列入摩根史坦利指數的股票。

●外資概念股

指外資進入國內股市，已經投資或可能投資的股票。

●蜜月行情

新上市、上櫃股票在上市之初，僅提撥百分之十公開承銷，籌碼多集中在大股東手上，因此，如果鎖住籌碼做多，股價自然有一段時間漲停現象，稱為蜜月行情。

●除權行情

配股除權多半是因為公司需要擴大營業等目的，將所得的盈餘留在公司做為資本，而配發股票給股東。若投資人認為這支股票的前景看好，就會搶在除權價格降低時買進，股價因而上升，稱為除權行情。如果股價在除權後，漲回除權前一日的價錢，稱為完全填權。

●軋空行情

股市主力結合其他的勢力，以融資方式買進特定的股票，哄抬股價讓投資人認為有利可圖，因而融券放空股票，主力趁融券放空股票的人數到達一定的比率時，辦理融資賣出，此時融資融券餘額產生落差，而融券者被迫以補回差價，以高價位回補，稱為軋空行情。

- **資金行情**

股票的價格取決於股市的供給與需求，資金行情是指，市場中有過多資金，但卻沒有這麼多股票，需求大於供給，所以股票的行情也會提高。

- **市場價值**

即一般熟知的「股價」，主要是市場中議價的結果，如果供給大於需求，股價則下降，需求大於供給則上升。

- **集保庫存**

指個股的股票存於集中保管公司的庫存資料。在以往，多半僅有大股東會將股票存於集保，因此，檢視集保庫存的增減，可以觀察大股東的持股變化，並藉此了解公司內部人對公司的看法。不過，近年來大多數人均開了集保帳戶，因此，已較無法由集保庫存看出大股東的持股變化。不過，若當大股東將股票拿去設定質押借款時，就可由集保庫存的變化看出來。藉集保庫存的變化，可以推測大股東有資金需求，此時可能是利用股票質押的資金加碼公司股票；但也可能是大股東出現財務壓力。

- **轉換公司債**

即公司債發行一段時期以後，得要求轉換為該公司的普通股或特別股，甚至其他公司的股票。

- **分盤競價**

有別於目前證券市場所採行的自由競價，主要作用在於抑止發生問題上市公司股票的股價做較大的起落，防止其投機性再發生。

- **認股權證（warrants）**

指由股票上市公司發生的證明文件，允許認股權護持有人在有效期間（指定期間）內，依指定價格（換股價）認購該上市公司發行指定數量（換股比率）的新股。

- **盤中瞬間價格穩定措施**

試算成交價如果超過最近一次成交價格上、下三・五%時，將暫停撮合二至三分鐘後再恢復撮合。

- **收盤改採五分鐘集合競價**

收盤前五分鐘暫停撮合，只接受委託申報，至下午一點三十分停止委託作業，再依集合競價來決定收盤價。